Farben für die Seele

Farben für die Seele

Das Lesebuch für stille Herbststunden

benno

Bibliografische Information der Deutschen Nationalbibliothek
Die Deutsche Nationalbibliothek verzeichnet diese Publikation in der Deutschen Nationalbibliografie; detaillierte bibliografische Daten sind im Internet unter http://dnb.d-nb.de abrufbar.

Besuchen Sie uns im Internet:
www.st-benno.de

ISBN 978-3-7462-3138-9

Stammerstr. 11, 04149 Leipzig
Zusammenstellung: Volker Bauch, Leipzig
Umschlaggestaltung: Ulrike Vetter, Leipzig
Umschlagabbildung: © Tatiana Grozetskaya/Shutterstock.de
Gesamtherstellung: Kontext, Lemsel (A)

Inhalt

September

Stört sie nicht, die Feier der Natur

Dies ist ein Herbsttag, wie ich keinen sah!
Die Luft ist still, als atme man kaum,
Und dennoch fallen raschelnd, fern und nah,
Die schönsten Früchte ab von jedem Baum.

Herbsttag

RAINER MARIA RILKE

Herr: es ist Zeit. Der Sommer war sehr groß.
Leg deinen Schatten auf die Sonnenuhren,
und auf den Fluren lass die Winde los.

Befiehl den letzten Früchten voll zu sein;
gib ihnen noch zwei südlichere Tage,
dränge sie zur Vollendung hin und jage
die letzte Süße in den schweren Wein.

Wer jetzt kein Haus hat, baut sich keines mehr.
Wer jetzt allein ist, wird es lange bleiben,
wird wachen, lesen, lange Briefe schreiben
und wird in den Alleen hin und her
unruhig wandern, wenn die Blätter treiben.

Vogelzug

ERWIN STRITTMATTER

Als die Tage kürzer wurden, sattelte ich jeden Nachmittag mein Pferd und ritt in die Wälder. Ich blieb lange unterwegs und war bei jeder Witterung draußen. Es tat mir gut, den Wettern zu trotzen, und ich erholte mich von einer langen Krankheit.

An manchen Abenden sah, wer aus dem Hause trat, keinen Baum und keinen Pfahl, und alle Dinge waren für ihn in Nacht eingewoben, aber ich sah trotzdem manches, und obwohl mir Schnee und Regen wie Pfeffer und Salz ins Gesicht flogen, war ich guter Dinge; denn meine Stute trug mich durch die Dunkelheit, und ihr Rücken wärmte mich.

Es gab milde Abende, und die Käuze schrien, weil die laue Luft ihnen einen Scheinfrühling unter die Federn trieb, aber es wurde doch Winter.

Ich sah Damhirsche, Hasen und Rehe, immer wieder Rehe, und einmal sah ich einen merkwürdigen Bock, den die galoppierende Stute aus der Schonung stöberte.

Es war noch hell, und der Bock stolperte verschlafen über die Schneise. Er hatte nur ein Horn, und das war verformt und lag wie eine Perücke auf seinem Kopfe. Ach ja, ich sah auch Krähen, Häher und Spechte, und der Schwarzspecht schrie und versteckte sich. Die Ringeltauben weideten in den Fichtenkronen, und ich hörte sie mit den Flügeln klatschen, wenn sie von Wipfel zu Wipfel flogen.

Manchmal schrie ein Erpel auf einem der Seen, und der Wind rieb das Schilf, bis es tönte. Das Seewasser war dunkel wie Tinte, und manchmal war es bunt wie auf Märchenbuchbildern. Von welcher Farbe das Wasser war, hing vom Himmel ab, und es kam auf die Sonne an, wie der Himmel aussah, und es kam wiederum auf die Dichte der Wolken an, ob die Sonne da war oder nicht – eine Kette von Abhängigkeiten.

In einer Dämmerstunde sah ich einen Zug Vögel nach Süden fliegen. Es waren kleine Vögel, und sie zogen dahin. Ich stand unter ihnen; das Licht des Abendhimmels blendete mich, und ich konnte die Farbe ihres Gefieders nicht erkennen. Ich wünschte mir, daß es Heidelerchen wären, weil ich sie ihres Gesanges wegen liebe.

Es war ein Schlauch aus Vogelleibern. Er flog in schlangenartigen Windungen dahin und ähnelte darin jenen hohlen, vom Wind aufgeblasenen Papierdrachen, die die Chinesen in ihren Festzügen mit sich führen. Wo die flinken Anführer des Vogelzuges aus unerkennbaren Gründen einen Bogen schlugen, tat es auch der Vogelschlauch mit einer erstaunlichen Gleichzeitigkeit aller Vögel.

Ich hielt meine Stute an, denn die Vögel zogen und zogen. Sie nahmen sich aus der Luft über den moorigen Wiesen, strebten dem Walde zu und verloren sich über den Baumwipfeln nach Süden, und es war, als ob vor meinen Augen aus dem Abendschummer immer mehr und neue Vögel entstünden.

Es war kein Laut in der Luft, und ich hörte keinen Flügelschlag, und die Stille, mit der die Vögel zogen, ließ mich an das Unwahrscheinliche in Träumen denken: Es strömte Vögel aus dem Nichts, strömte und strömte, und als der Strom nach Minuten abriß, schien mir, es müßte im Abenddunst etwas wie eine Spur zu sehn sein, ein Weg, wie ihn wandernde Landtiere hinterlassen.

Aber es war kein Weg zu sehn, obschon man annehmen muß, daß auch die Luft Sekundenteile benötigte, sich an der aufgewühlten Vogelstraße zu ordnen und zu glätten.

Kaum aber mochte das geschehen sein, da stob ein

loser Schwarm der gleichen Vogelart vorüber, eine Handvoll Vögel, eine Prise – dem großen Zuge von einem zornigen Riesen nachgeworfen. Und die Hand des Riesen hatte dreimal in den WELTVOGELBEHÄLTER gegriffen; denn drei Vogelprisen folgten dem großen Zuge, und der Abenddunst mußte für hunderstel Sekündchen kleine Löcher aufweisen. Die drei Vogelprisen aber schlugen die gleichen Bögen wie der Schlauch aus Vogelleibern vor ihnen, obwohl der ihnen um eine Viertelminute voraus war.

Das alles sah ich, und als sich die letzten Vögel für meine groben Augen über den hohen Kiefern aufgelöst hatten, ritt ich wie einer, der in ein Geheimnis geblickt hat, weiter in die Wälder.

Herbstbild

FRIEDRICH HEBBEL

Dies ist ein Herbsttag, wie ich keinen sah!
Die Luft ist still, als atmete man kaum,
Und dennoch fallen raschelnd, fern und nah,
Die schönsten Früchte ab von jedem Baum.

O stört sie nicht, die Feier der Natur!
Dies ist die Lese, die sie selber hält,
Denn heute löst sich von den Zweigen nur,
Was vor dem milden Strahl der Sonne fällt.

Der Drachenbrief

ROLF KRENZER

Im Herbst hatte der Vater mit seinen Kindern einen großen Drachen gebaut. Auf dem Feld ließen sie ihn steigen.

Es war ein wunderschöner Drachen. Er lachte lustig und hatte Ohren und einen langen Schwanz. Die Leute, die vorüberkamen, blieben stehen und schauten in die Luft. Der Drachen stand ganz hoch am Himmel. Sein bunter Schwanz flatterte im Wind.

»Wollen wir ihm einen Brief hinaufschicken?«, fragte der Vater.

Mario fand in seiner Hosentasche ein Stück Papier. Der Vater drückte mit dem Daumen mitten in das Papier ein Loch hinein und sagte: »Wir stecken den Brief auf das Drachenseil. Passt auf, dann steigt er von selbst zu ihm hinauf!« Die Kinder wollten es nicht glauben. Doch der Vater sagte sicher: »Das haben wir früher auch immer so gemacht. Früher, als ich so alt war wie ihr!«

»Dann will ich dem Drachen aber auch einen Gruß schreiben!«, rief Tini und suchte nach einem Kugelschreiber in ihrer Jacke.

Mario musste sich bücken. Tini legte den Brief auf seinen Rücken und schrieb:
»Lieber Drachen!
Wie geht es Dir dort oben?
Herzliche Grüße
Tini und Mario.«
Sie gab dem Vater den Brief. Er steckte ihn auf das Drachenseil. Und wirklich! Ganz langsam stieg der Brief an dem Seil nach oben. Immer höher und höher. Der Brief wurde immer kleiner. Fast war er nicht mehr zu sehen.
»Jetzt wird unser Drachen den Brief lesen!«, sagte der Vater und lachte.
Aber dann geschah etwas ganz Seltsames. Mario entdeckte es zuerst: Der Brief kam langsam wieder an dem Drachenseil herunter.
»Das gibt es doch nicht!«, rief der Vater erstaunt.
Jetzt war der Brief schon ganz nah. Mario griff nach ihm und riss ihn vom Seil. Ja, es war der Brief, den die Kinder hinaufgeschickt hatten. Aber auf der Rückseite des Papiers stand:
»Liebe Tini, lieber Mario!
Mir geht es gut hier oben!
Herzliche Grüße
Euer Drachen.«

»Das gibt es doch nicht!«, rief der Vater und kratzte sich am Kopf. Er schaute ganz misstrauisch zu dem Drachen hinauf.

Doch der stand ganz ruhig hoch am Himmel. Sein bunter Schwanz flatterte im Wind.

Der Erdstern

ERWIN STRITTMATTER

Wenn die Pilze wachsen, befällt mich das Sammelfieber, und sofern meine Arbeit es erlaubt, bin ich beim Morgengrauen im Wald.

Jedes Jahr nehme ich mir vor, dem Pilzfieber nicht wieder zu verfallen, denn wenn man nur das Stück Welt vor seinen Stiefelspitzen betrachtet, bringt man sich um viele Erlebnisse.

Heuer glaubte ich, ich hätte das Pilzfieber besiegt. Fast unangefochten ritt ich im Walde umher und sprang nur aus dem Sattel, wenn viele eßbare Pilze auf einem Fleck standen. Gymnastik ist wichtig, war mein Vorwand. Aber eines Morgens sah ich in der Nähe eines Sees an einer Sandböschung ein sechszackiges Pilzgebilde liegen. Im Traben hielt ich es für einen aufgesprungenen Pilzkopf, den ein Sammler weggeworfen hatte, doch die allzu regelmäßig geformten Zacken des geplatzten Pilzhutes hatten meine Aufmerksamkeit erregt, und ich ritt zurück.

Der Pilzhut steckte fest im Sand, und ich löste ihn vorsichtig von seinem Wurzelgeflecht. Auf der Mitte des Pilzkopfes hockte ein weiches Beutelchen, das einem faulen Gallapfel glich. Ich hatte einen Erdstern gefunden.

Fünfzig Jahre war ich Pilzsammler, kannte Abbildungen vom Erdstern, aber gefunden hatte ich ihn nie.

Ich wickelte den Stern in mein Taschentuch und schob ihn in die Satteltasche. Er blieb der einzige Pilz, den ich an diesem Sonntag nach Hause brachte. Es war ein besonderer Sonntag für mich. Ich durchforschte die Bücher der Pilzwissenschaftler. Weshalb hatte dieser Pilz die stilisierte Form eines Sterns?

Ich fand viele Auslassungen über das Wurzelgeflecht, das Fruchtfleisch und die Sporen des Sternpilzes, aber über den Zweck seiner Form fand ich nichts. Einer der Pilzprofessoren schrieb: »Das sternförmige Gebilde erfreut durch sein schönes, zierliches Aussehen.«

Merkwürdig, wo die Forschungen des Professors nicht hinreichten, bediente er sich der poetischen Beschreibung!

Ich durchblätterte die Bücher des Volkes, die Märchenbücher, weil man dort über manche Dinge der Welt Auskünfte in verschlüsselter Form erhält. Ich fand etwas über Sterntaler, doch nichts über Sternpilze.

Aber irgendeinen Zweck mußte das Leben, das in Sandkörnern, Pflanzen und Kreaturen steckt, mit dem gesternten Pilz doch erreichen oder erzwingen wollen! Oder sollte dieses Gewächs vergessen haben, seine Seesternform abzulegen, als es bei der zunehmenden Verlandung unseres Planeten aus dem Wasser kroch, um fortan seine Nahrung aus dem Sand zu beziehen? Eine neue Form von Pilzfieber hatte mich gepackt.

Herr von Ribbeck auf Ribbeck im Havelland

THEODOR FONTANE

Herr von Ribbeck auf Ribbeck im Havelland,
Ein Birnbaum in seinem Garten stand,
Und kam die goldene Herbsteszeit
Und die Birnen leuchteten weit und breit,
Da stopfte, wenn's Mittag vom Turme scholl,
Der von Ribbeck sich beide Taschen voll,
Und kam in Pantinen ein Junge daher,
So rief er: »Junge, wiste 'ne Beer?«
Und kam ein Mädel, so rief er: »Lütt Dirn,
Kumm man röwer, ick hebb 'ne Birn.«

So ging es viel Jahre, bis lobesam
Der von Ribbeck auf Ribbeck zu sterben kam.
Er fühlte sein Ende. 's war Herbsteszeit,
Wieder lachten die Birnen weit und breit;
Da sagte von Ribbeck: »Ich scheide nun ab.
Legt mir eine Birne mit ins Grab.«
Und drei Tage drauf, aus dem Doppeldachhaus,
Trugen von Ribbeck sie hinaus,
Alle Bauern und Büdner mit Feiergesicht
Sangen »Jesus meine Zuversicht«,

Und die Kinder klagten, das Herze schwer:
»He is dod nu. Wer giwt uns nu 'ne Beer?«

So klagten die Kinder. Das war nicht recht –
Ach, sie kannten den alten Ribbeck schlecht;
Der *neue* freilich, der knausert und spart,
Hält Park und Birnbaum strenge verwahrt.
Aber der *alte*, vorahnend schon
Und voll Mißtraun gegen den eigenen Sohn,
Der wußte genau, was damals er tat,
Als um eine Birn' ins Grab er bat,
Und im dritten Jahr aus dem stillen Haus
Ein Birnbaumsprößling sproßt heraus.

Und die Jahre gehen wohl auf und ab,
Längst wölbt sich ein Birnbaum über dem Grab,
Und in der goldenen Herbsteszeit
Leuchtet's wieder weit und breit.
Und kommt ein Jung' übern Kirchhof her,
So flüstert's im Baume: »Wiste 'ne Beer?«
Und kommt ein Mädel, so flüstert's: »Lütt Dirn,
Kumm man röwer, ick gew' di 'ne Birn.«

So spendet Segen noch immer die Hand
Des von Ribbeck auf Ribbeck im Havelland.

September

CURT GROTTEWITZ

Am Seerande führte, zwischen Ufergebüsch und Kiefernwald, ein kleiner Fußweg dahin. Es war kein künstlich gebauter Steg, die Landleute und die Waldarbeiter hatten ihn durch öfteres Hin- und Hergehen abgetreten, das Gras zerstampft und den Boden bloßgelegt. Hier auf diesem Pfade wandelte Herr Tanzmann seelenvergnügt dahin, glänzend vor Freude und Wanderlust. Denn es war ein schöner, klarer Morgen, und am Morgen war Herr Tanzmann stets vergnügter als am Abend, wo die Rückkehr in die Stadt ihn immer zornig und zu bösen Reden geneigt machte. Obwohl es schon gegen zehn Uhr war, hing der Tau doch noch in dicken Tropfen am Gras. Denn die Septembersonne, wenn sie auch in heiterer Schönheit strahlte, war doch zu spät aufgestanden, und ihre Himmelslinie war zu kurz, als dass sie schon am Morgen den Tau aufgesogen hätte. Jetzt fielen ihre Strahlen auf den See, so dass dieser weiß erglänzte, und sie fielen durch das Ufergebüsch auf Herrn Tanzmanns Gesicht, so dass auch dieses noch mehr

erglänzte und aussah wie der Vollmond in einer Frühlingsnacht.
Herr Tanzmann wanderte an dem grünen Gebüsch dahin, indem er vorsichtig über die bloß liegenden Kieferwurzeln hinwegstieg, die sich über den Weg reckten. Der Steg war etwas schräg nach dem See zu geneigt, und Herr Tanzmann konnte ganz genau beobachten, wie etwa in der Mitte des Pfades zwei verschiedene Bodenarten aneinander stießen, der schwarze humöse vom Ufer her und vom Walde her der graubraune Sandboden, auf dem die Kiefern gut gediehen. Das schwarze Humusland dagegen ließ wegen seiner fetten Feuchtigkeit den märkischen Nadelbaum nicht aufkommen, hier dominierten breite Erlenbüsche, mit Faulbaum und Kreuzdorn untermischt. Und um sie schlang sich in seilartiger Verflechtung und in üppiger Fülle der wilde Hopfen, der mit halb reifen, weißgrünen Kätzchen über und über behangen war. Mit seinen großen Blättern, die er rings um die umschlungenen Erlenbüsche ausbreitete, nahm er seinen Opfern Luft und Licht hinweg. Aber auch ihm saß bereits ein tückischer Feind im Nacken. Um ihn schlang sich mit ihren dünnen rötlichen Stängeln die Seide, schnürte ihn zusammen und nährte sich von seinem Nahrungssafte, indem sie ihre Saugwurzeln in

sein Gewebe senkte. Und wo die Seide kräftig auftrat, da verkümmerte der Hopfen, und wo der Hopfen verkümmerte, da atmeten die Erlen erleichtert auf.
Da können Sie sehen, Herr Tanzmann, sagte der Wanderer zu sich, wie es mitunter in der Natur zugeht. Beinahe so schlimm wie unter den Menschen. Ein Schmarotzer wird von dem anderen aufgezehrt. Bloß daß den Pflanzen der Verstand fehlt, der beim Menschen immerhin manchmal vorhanden ist.
Herr Tanzmann wanderte weiter am Gebüsch hin. Zwischen den einzelnen Sträuchern hindurch sah er die weite weiße Wasserfläche vor sich liegen, die rings, soweit sein Auge reichte, von dunklem Kiefernwald eingerahmt war. Nur dicht am Ufer zog sich ein niederer Streifen grünen Laubgebüsches hin, das hier und da von einer weißstämmigen Birke überragt wurde. Das ganze jenseitige Ufer aber spiegelte sich in sanften Linien im See. Die breiten Nadelbaumkronen und die zierlichen Laubzweige der Birken malten sich ab im Wasser, in dem das blaue Himmelsgewölbe in träumender Tiefe lag. Herr Tanzmann blieb öfters stehen, und sein Auge hing an diesem weiten, weißen Wassermeer, das so sehnend einsam in dem düsteren Kiefernwaldrahmen eingeschlossen war.
Als Herr Tanzmann weiter ging, schnitt ihm für eine

Weile dreimeterhohes Schilf die Aussicht auf den See ab. Das Schilf mit seinen rötlichen Rispen ragte wie eine grüne Mauer aus dem Wasser hervor und lehnte sich dicht an das Ufergebüsch an. Es ging ein leichtes Rauschen durch das Rohr, obwohl der Wind nur ganz schwach wehte. Jetzt schwirrten ein paar Vögel durch die Schilfstängel und dann plötzlich erhob sich ein Plätschern und Schnattern, und ein Volk Wildenten floh aus dem Rohrdickicht hinaus ins offene Wasser. Als Herr Tanzmann näher an das Schilf herantrat, sah er, wie auf seinen Blättern Schnecken und Rohrkäfer behaglich ruhten. Auch das Wasser zwischen dem Schilf war von allerhand kleinem Getier erfüllt. Muscheln und Schnecken hingen an faulenden Pflanzenresten, Rückenschwimmer und schwarzgrüne Wasserwanzen gondelten geschickt durch das feuchte Element, und die rote Spinne taumelte in kapriziösen Bewegungen durch die Flut.

Beim Weitergehen wandte Herr Tanzmann auch der anderen Seite des Fußsteges seine Aufmerksamkeit zu. Wo der Kiefernwald hoch und luftig war, da standen in dem grünen Rasen rosa Grasnelken und blaue Glockenblumen. Von Stamm zu Stamm aber hatten die Kreuzspinnen ihre kunstvollen Netze gespannt. Der ganze Wald war mit diesen Netzen erfüllt, die silbern im Sonnenscheine leuchteten. Selbst über den Fußweg war das Gewebe gespannt, so dass Herr Tanzmann nach und nach mit Spinnenfäden ganz behängt war und Mühe hatte, sie von Gesicht und Händen, auf denen sie ein leichtes Jucken wie Haare verursachten, zu entfernen. Wo der Kiefernwald jünger und dichter war, da war der Boden mit brauner Nadelstreu bedeckt. Aus ihr aber erhob sich jetzt ein Heer von Pilzen. Am auffälligsten waren die großen Fliegenpilze, deren zinnoberrote, weiß getupfte Hüte dem Waldboden ein merkwürdig fremdartiges Gepräge gaben. An manchen Stellen stand eine dichte Vegetation von Farnkraut, dessen Wedel der nahende Herbst an den Spitzen bereits braun gefärbt hatte.

Im übrigen fand Herr Tanzmann Laub und Kraut noch leidlich frisch. Die Früchte an den Büschen waren nun alle gereift und prangten in schwarzen und roten Farben in den mannigfaltigsten Formen und Anordnungen zwischen dem grünen Laube. Herr Tanzmann freute sich wie ein Kind an der bunten Pracht, er kannte von klein auf alle Beeren und Früchte des Waldes und wusste ihre vielfältige Verwendung für Haus und Hof, für Vogelfang und Spiel. Jetzt kam er an einer Menge von Haselbüschen vorüber, die, auch mit trockenem Boden vorlieb nehmend, sich vom Ufer an und dann an der anderen Seite des Fußweges bis weit hinaus in den sanft ansteigenden Kiefernwald hineinzogen. Hier wehte es Herrn Tanzmann doch bereits herbstlich an. Denn die Haselbüsche hatten bereits jene bräunlich grüne Färbung, die bei vielen Sträuchern das erste Anzeichen des nahen Blättertodes ist. Der Wanderer suchte nach Nüssen, aber er fand keine. Wer weiß, vor wie langer Zeit die schon von der Jugend der umliegenden Dörfer weggeholt worden waren. Er wenigstens hatte es, als er noch bei der Frau Tanzmann, seiner Mutter, wohnte, als Ehrensache betrachtet, bereits Ende August alle Haselbüsche der Umgegend zu durchstöbern und die Früchte zu ernten, noch bevor sein Freund Mewis daran dachte, dass sie reif waren. Denn dieser hielt sich genau an die alte Regel, dass man vor dem 1. September keine Haselnuss abpflücken darf. Herr Tanzmann aber besorgte sein Geschäft so gründlich, dass Mewis tagelang umherirrte und nichts fand, und Jahr für Jahr klagte, dass die Eichkätzchen die Haselnüsse bereits alle gefressen hätten. Herr Tanzmann stimmte ihm bei, einmal merkte Mewis aber doch, dass der Sack, der auf Tanzmanns Dachboden hing, voller Haselnüsse war. Von dem Tage an stellte Mewis zwei Wochen lang seine Besuche bei Tanzmanns ein, ein Verlust, der von Herrn Tanzmann sehr schwer, von Frau Tanzmann dagegen

leichter ertragen wurde, zumal zu jener Zeit Mewis die Leidenschaft hatte, große Steine in den Schmalzbirnenbaum hinter der Scheune zu werfen und mit vollgefüllten Taschen allabendlich den Heimweg anzutreten.
Herr Tanzmann schritt weiter auf dem Fußwege dahin. Noch blühten zwischen den Büschen die zarten Vergissmeinnicht und die krautartige Wasserminze. Aber Weidenröschen und Wasserhanf waren bereits mit dichtem, weißem Flaum bedeckt, in dem sich ihre Samenkörner verbargen. Und jetzt gelangte er zu einer jungen Linde, deren Blätter bereits recht gelb geworden waren.
Merkwürdig, sagte Herr Tanzmann zu sich, dass die Linde der Baum der Liebenden geworden ist. Sie treibt zwar früh im Lenz, doch blüht sie im Sommer und bleicht zuerst im Herbst. Aber daran sieht man eben, dass die Liebe blind ist, und dass es dabei auf lange Dauer nicht abgesehen ist.
Dennoch war der Baum ihm lieb, und die gelben Blätter brachten einen stimmungsvollen Ton in die September-Landschaft. Er lehnte sich an den Lindenstamm und sah von neuem zwischen den früchtebeladenen Büschen hindurch auf die weiße Wasserfläche des Sees, der ruhig, wie selbstvergessen, da lag in der

dunklen Umrahmung des Kiefernwaldes. Die stille Ruhe lud zum Nachdenken ein, und Herr Tanzmann kramte in dem Schatze seiner Erinnerung.

Manchen See sah ich auf meinen Wanderungen, sagte er zu sich, den azurblauen Gardasee und den düsteren Ammersee, die lieblichen Teiche Frankreichs und den vornehmen Vierwaldstättersee. Aber ich kann nicht sagen, dass ich euch weniger liebte, ihr flachen, weißen Seen der Mark, mit eurer unendlichen Sehnsucht und eurem stillen Heimweh, mit euren melancholischen Kiefernwaldufern, deren dunkle Schatten euch einschließen und abschließen von allem Lärm der Welt!

Plötzlich vernahm Herr Tanzmann schwere Tritte und ein schnaufendes Fauchen, das aus einem dicken Körper kommen musste. Er ging langsam vorwärts, um dem Keuchenden Zeit zu lassen, ihn zu überholen. Bald wurde denn auch ein dicker Mann sichtbar, der schweißtriefend und schnaufend sein wohlgemästetes Bäuchlein vor sich herschob. Er grüßte den Wanderer und fragte leutselig:

»Sie müssen wohl auch laufen?«

Herr Tanzmann wusste nicht recht, wie die Frage gemeint war, und da er böse Absichten witterte, so guckte er den Fragenden ziemlich ungeduldig an. Dieser aber sagte:

»Mir hat nämlich der Arzt verordnet, jeden Tag einmal um den verwünschten See herumzulaufen. Denken Sie sich, drei Stunden über Wurzeln, durchs Gebüsch, 's ist zum Verrücktwerden! Und dabei ist's von unserem Städtchen bis zum See auch noch eine halbe Stunde. Der frühere Arzt war ja vernünftiger, der hat mir wenigstens was Ordentliches verschrieben, jeden Tag eine große Flasche voll. Und zu laufen brauchte ich gar nicht.«

»Hat's denn was geholfen?«, fragte Herr Tanzmann.

»Das ja gerade nicht«, antwortete der dicke Mann. »Aber es war doch auszuhalten. Der neue nun, der hat mir furchtbare Angst gemacht. Nicht ein Jahr sollte ich's mehr treiben, wenn ich nicht täglich hier um den verwünschten See herumgehe.«

»Na und hilft denn das?«

»Es ist ja möglich«, sagte er. »Ich gehe heute erst zum fünften Male. Es ist mir ja, als wäre mir ein bisschen leichter. Aber ich bitte Sie, wenn so eine Pferdekur nicht helfen soll! Natürlich muss das was helfen! Aber dazu braucht man doch keinen Arzt. Wenn ich mir einen Arzt nehme, dann soll er sich doch Mühe geben, mich zu heilen, dann will ich mich doch nicht auch noch anstrengen! Nicht wahr?«

»Das ist ganz meine Meinung!«, sagte Herr Tanzmann.

»Doch entschuldigen Sie, ich muss nach der anderen Seite zurück.«
Er drückte dem dicken Manne die Hand, der ihn erstaunt anguckte.
»Ja«, sagte Herr Tanzmann, »mir hat mein Arzt befohlen, zweimal um den See herumzugehen!«
Dem dicken Manne traten Schweißperlen aufs Gesicht bei dem bloßen Gedanken, dass jemand doppelt so viel gehen müsse wie er, und auf seine dicken Wangen legte sich ein Gefühl tiefsten Mitleids mit Herrn Tanzmann.
Dieser aber eilte schnell zurück, in der Absicht, so lange zu warten, bis der Dicke in gehöriger Entfernung sei. Es ärgerte ihn, dass er dem Keuchenden nicht besser seine Verwünschung des Sees heimgezahlt hatte. Immerhin war es ein schöner Genuss gewesen, das Mitleid auf dem Gesichte des fetten Rentiers zu beobachten. Herr Tanzmann ging zur Linde zurück, lehnte sich von neuem an ihren Stamm und blickte auf die weite, weiße Wasserfläche des Sees.

Herbst

JOSEPH VON EICHENDORFF

Es ist nun der Herbst gekommen,
Hat das schöne Sommerkleid
Von den Feldern weggenommen
Und die Blätter ausgestreut,
Vor dem bösen Winterwinde
Deckt er warm und sachte zu
Mit dem bunten Laub die Gründe,
Die schon müde gehn zur Ruh.

Durch die Felder sieht man fahren
Eine wunderschöne Frau,
Und von ihren langen Haaren
Goldne Fäden auf der Au
Spinnet sie und singt im Gehen:
Eia, meine Blümelein,
Nicht nach andern immer sehen,
Eia, schlafet, schlafet ein.

Und die Vöglein hoch in Lüften
Über blaue Berg und Seen
Ziehn zur Ferne nach den Klüften,
Wo die hohen Zedern stehn,
Wo mit ihren goldnen Schwingen
Auf des Benedeiten Gruft
Engel Hosianna singen
Nächtens durch die stille Luft.

Falllaub

HERMANN LÖNS

Die Natur ist das Beste, was wir in der Art haben; darum sollen wir von ihr soviel wie möglich Gebrauch machen, und nicht nur in den dazu besonders geeigneten Jahreszeiten, sondern auch jetzt, wo es oft zu Hause entschieden gemütlicher ist als außerhalb unserer vier Pfähle, einmal aus gesundheitlichen Rücksichten, und dann überhaupt und so.
Denn auch augenblicklich, da eine Menge von Singvögeln unbekannten Aufenthalts verzogen ist, andere zwar hier blieben, doch aus nur ihnen bekannten Gründen auf die Ausübung der Gesangskunst verzichten, da ferner die Schmetterlinge durch gänzliche Abwesenheit glänzen und das, was noch von Blumen da ist, mehr unser Mitleid erweckt, denn unser Herz erfreut, lohnt sich, abgesehen davon, dass wir dadurch unsere roten Blutkörperchen in nützlicher Weise vermehren, ein Spaziergang bei bescheidenen Ansprüchen immerhin, vorausgesetzt, dass nicht gerade Jupiter pladdrius sämtliche Leitungshähne aufgedreht hat.
Wer natürlich Nachtigallen, schweißtreibende Sonnen-

wirkung, Baumblüte und ähnliche Delikatessen verlangt, soll eine Wanderung durch den Wald ihm das Gemüt laben, der wird nicht auf seine Kosten kommen und tut besser, seinen Koffer und sich zu packen und den Süden aufzusuchen, wo obengenannte Einrichtungen sich in Permanenz erklärt haben; der Mittelstand kann das aber nicht, und so nimmt er, bescheiden, wie er ist, sozusagen mit einer Mittelstandsnatur vorlieb, freut sich an dem, was ihm geboten wird, und auf das, was später noch kommt, macht sich dabei seine Gedanken und hat auf diese Art ein billiges und bekömmliches Vergnügen. Wie anregend ist zum Beispiel nicht die Verfärbung des Laubes und der Blätterfall? Warum werden die Blätter erst gelb oder rot, ehe sie abfallen? Der Pflanzenphysiologe erklärt das durch gewisse chemische Veränderungen, die in dem Blattgrün vorgehen, und deren Hauptzweck darin besteht, dass im Spätherbste die Säfte der Blätter in den Baum zurücktreten. Na ja, das ist eine naturwissenschaftliche Erklärung, aber um die Natur zu verstehen, genügt die Naturwissenschaft durchaus nicht. Der ernste und besonnene Forscher, den keine metaphysischen Anwandelungen und keine ästhetischen Sentimentalitäten von der geraden, aber etwas langweiligen Bahn der exakten Wissenschaft abbringen, wird Hohn lachen, wenn man zum Beispiel sagt: Die

bunte Färbung des Waldes ist eine Art von Fastnachtskleidung. »Übermorgen ist Aschermittwoch, da fängt die magere Zeit an«, sagen die Bäume, und die Blätter, die das hören, nehmen sich diesen Wink zu Herzen, schmeißen sich in die verrücktesten Dominos und führen sich auf, als hätten sie Henkell Trocken oder eine andere bessere Flüssigkeit im Leibe, bis sie müde und stark verkatert einen langen Schlaf tun.
Oder aber, wer auf den anthropozentrischen Standpunkt eingeschworen ist, also seine Wenigkeit und seinesgleichen als das zu betrachten gewohnt ist, um das sich die ganze Natur dreht und auf das sie die gebührende Rücksicht nimmt, der wird vielleicht auf den ein wenig nach Einbildung schmeckenden Gedanken kommen, dass die Natur das so eingerichtet habe, damit der Mensch sich auf den Herbst freue und nicht, sobald dieser seine Visitenkarte abgibt, sich Heulen, Zähneklappern und ähnlichen unerfreulichen und unbekömmlichen Beschäftigungen hingebe.
Wie gesagt, ist dieses eine Theorie, die auf wissenschaftliche Beweiskraft sehr wenig Anspruch machen kann, deshalb ist sie doch sehr hübsch und schon aus diesem Grunde wertvoller als die Feststellung, dass der Mensch von Affen abstamme.
Aber warum verlieren viele Bäumen im Herbst ihr

Laub überhaupt, wo doch die Nadelbäume das nicht tun? Tja, das kann man mit der Zweckmäßigkeitstheorie sehr einfach erklären, zum Beispiel, damit die Landleute billige Streu haben, damit kleine Jungens darin bis an die Knie herumrauschen können, damit lyrische Dichter aus ihrer Leier das zum Leben nötige Quantum Herbststimmung herauszupfen können usw. usw. usw. Viel naheliegender aber ist folgende anthropozentrische Erklärung: damit der Mensch einsieht, wie herrlich die Architektur eines Baumes ist, und hingeht und englisiert und kupiert und verschimpfiert in Alleen und Anlagen die Bäume, damit kluge Leute einsehen können, wie man es nicht machen soll. Ja, das Fallaub, das Fallaub, man kann sich schon allerlei Gedanken darüber machen. Warum zum Beispiel verlieren die Jungbuchen die Blätter nicht im Herbst, sondern erst im Frühling, ehe das neue Laub kommt? Wahrscheinlich, Verehrtester, weil sie in ihrer kindlichen Einfalt nicht fest genug davon überzeugt sind, dass ihnen im Frühjahr auch wieder Blätter geliefert werden, und sie denken: »Was einer hat, das hat er, und was er los ist, kriegt er sobald nicht wieder.« Mit der Zeit kommen sie schon dahinter und entledigen sich schon im Herbste der Blätter nach der Väter Weise. Vielleicht behalten sie sie aber in der Jugend auch aus jener kindlichen Eigenartssucht, die junge Dichter, Musiker, Maler usw. für ein Zeichen von Genialität halten, bis sie, wenn ihre Haare kürzer und ihre Verstand etwas länger wird, dahinter kommen, dass schließlich Goethe, Beethoven und Böcklin nicht ganz zu verwerfen und schon wert sind, dass man sich ihre Technik ein wenig ansieht.

Dann ist ferner da die Geschichte mit der Lärche! Was ist das nun wieder für eine Sache? Ist ein Nadelbaum, also von Rechts wegen nach dem einfachsten Koniferenkomment verpflichtet, sich nicht im Herbste gänzlich zu mausern, sondern die Nadeln zu behalten. Fällt ihr aber gar nicht ein, benimmt sich durchaus nicht standesgemäß, zeigt keine Spur von Solidaritätsgefühl, markiert kalt lächelnd das Laubholz und entblödet sich nicht, im Späterherbst Nacktvorstellungen zu veranstalten. Erkläre mir, Graf Oerindur, diesen Zwiespalt der Natur! Nichts einfacher als das! Ausnahmen bestätigen die Regel, sagt das Sprichwort. So ist diese Anomalie schon dadurch erklärt. Ferner kann man sagen: die Lärche weiß, wie hübsch sie auch ohne Nadeln ist. Wer schlägt im Ballsaale alles tot, die dicke Madam mit dem brillantenbesäten Woge- und Wallebusen unter dem langweiligen Doppelkinngesicht oder die Frau, an der nichts brillant ist, außer der Figur und dem Antlitz? Verstanden? Na also!

Nun noch eine Frage: Warum behalten aber die übrigen Nadelhölzer die Nadeln? Ja, da sitzen Sie fest, mein Lieber! Mit der Wissenschaft bekommen Sie das nie heraus, da müssen Sie schon gründlicher zu Werke gehen. Lassen Sie nur die Pflanzengeographie und Physiologie und das ganze übrige botanische Besteck in der Tasche, auch den sogenannten gesunden Menschenverstand, und klappen Sie die Phantasie dafür auf! Sehen Sie, das hilft sofort! Nicht wahr, wenn alle Tannen, Kiefern, Fichten und Wacholder im Herbste sich bis auf die Haut auszögen, zum Umkommen wäre es dann in unseren Gegenden, nicht zum Aushalten wäre es. So aber, wenn über der verschneiten Flur im kahlen Wald grüne Wipfel in der Sonne leuchten, lässt sich die Landschaft schon ertragen, abgesehen davon, dass es doch auch Weihnachtsbäume geben muss. Die Einrichtung hat also nebenbei auch noch ihren praktischen Wert.

Es ist übrigens immer verfehlt, zu fragen, warum ist dies oder dies in der Natur so, denn ob Ihnen das passt oder nicht, Wertgeschätzter, die Natur ist dazu da, dass wir uns ihrer erfreuen, aber nicht, damit wir sie nun auf Herz und Nieren prüfen und Rechenschaft von ihr verlangen, warum dieses so und das so ist. Hier und da tut sie uns ja den Gefallen und erlaubt uns etwas Topfguckerei, aber ihr Kochbuch gibt sie schon nicht her;

so dumm ist sie nicht. Denken Sie bloß dieses Unglück, wenn wir hinter alle ihre Geheimnisse kämen! Fünf Minuten nachher würden wir uns elend bei ihr mopsen. So, wie es ist, stehen wir uns bedeutend besser, können je nach Veranlagung und Neigung in tiefsinnigen Versen allerlei aus ihr heraus- oder in sie hineingeheimnissen und uns symbolistisch benehmen, oder ihr mit Geduld und Spezialstudium irgendeinen kleinen Kniff abluchsen und dadurch unser Selbstbewusstsein auf einen höheren Pegelstand bringen oder auch nur, wie heute, in erhebenden Bewusstsein, durch keine kalten wissenschaftlichen Kenntnisse belastet, so dahinzuschlendern, uns an den letzten goldenen Blättern der Birke, an dem leuchtenden Kupferrot der Jungbuchen, an dem bronzefarbigen Braun des Eichenlaubes, an der purpurnen Färbung des Hartriegels und an alle den frechen und schüchternen Tinten und Tönen erfreuen, mit denen sich die Blätter der Bäume und Büsche angetan haben. Mögen die Gedanken, die wir uns darüber machen, und die Theorien, die wir darüber aufstellen, auch wenig Beweiskraft für die strenge Wissenschaft und ihre noch strengeren Priester haben, das stört uns das Vergnügen sehr wenig, es macht uns Spaß, wir freuen uns an ihnen, wie wir uns freuen an bunthinwirbelnden Fallaub.

Die fünfte Jahreszeit

KURT TUCHOLSKY

Die schönste Zeit im Jahr, im Leben, im Jahr? Lassen Sie mich nachfühlen.

Frühling? Dieser lange, etwas bleichsüchtige Lümmel, mit einem Papierblütenkranz auf dem Kopf, da stakt er über die begrünten Hügel, einen gelben Stecken hat er in der Hand, präraffaelitisch und wie aus der Fürsorge entlaufen; alles ist hellblau und laut, die Spatzen fiepen und sielen sich in blauen Lachen, die Knospen knospen mit einem kleinen Knall, grüne Blättchen stecken fürwitzig ihre Köpfchen … ä, pfui Deibel! … die Erde sieht aus wie unrasiert, der Regen regnet jeglichen Tag und tut sich noch was darauf zugute: ich bin so nötig für das Wachstum, regnet er. Der Frühling –?

Sommer? Wie eine trächtige Kuh liegt das Land, die Felder haben zu tun, die Engerlinge auch, die Stare auch; die Vogelscheuchen scheuchen, dass die ältesten Vögel nicht aus dem Lachen herauskommen, die Ochsen schwitzen, die Dampfpflüge machen Muh, eine ungeheure Tätigkeit hat rings sich aufgetan; nachts, wenn die Nebel steigen, wirtschaftet es noch im Bauch

der Erde, das ganze Land dampft vor Arbeit, es wächst, begattet sich, jungt, Säfte steigen auf und ab, die Stuten brüten, Kühe sitzen auf ihren Eiern, die Enten bringen lebendige Junge zur Welt: kleine piepsende Wolleballen, der Hahn – der Hahn, das Aas, ist so recht das Symbol des Sommers! er preist seinen Tritt an, das göttliche Elixier, er ist das Zeichen der Fruchtbarkeit, hast du das gesehn? und macht demgemäß einen mordsmäßigen Krach … der Sommer –?
Herbst? Mürrisch zieht sich die Haut der Erde zusammen, dünne Schleier legt sich die Fröstelnde über, Regenschauer fegt über die Felder und peitscht die entfleischten Baumstümpfe, die ihre hölzernen Schwurfinger zum Offenbarungseid in die Luft strecken: Hier ist nichts mehr zu holen … So sieht es auch aus … Nichts zu holen … und der Wind verklagt die Erde, und klagend heult er um die Ecken, in enge Nasengänge wühlt er sich ein, Huuh macht er in den Stirnhöhlen, denn der Wind bekommt Prozente von den Nasendoktoren … hoch auf spritzt brauner Straßenmodder … die Sonne ist zur Kur in Abazzia … der Herbst –?
Und Winter? Es wird eine Art Schnee geliefert, der sich, wenn er die Erde nur von weitem sieht, sofort in Schmutz auflöst; wenn es kalt ist, ist es nicht richtig

kalt sondern nasskalt, also nass … Tritt man auf Eis, macht das Eis Knack und bekommt rissige Sprünge, so eine Qualität ist das! Manchmal ist Glatteis, dann sitzt der liebe Gott, der gute, alte Mann, in den Wattewolken und freut sich, dass die Leute der Länge lang hinschlagen … also, wenn sie denn werden kindisch … kalt ist der Ostwind, kalt die Sonnenstrahlen, am kältesten die Zentralheizung – der Winter –?

»Kurz und knapp, Herr Hauser! Hier sind unsere vier Jahreszeiten. Bitte: Welche –?«

Keine. Die fünfte.

»Es gibt keine fünfte.«

Es gibt eine fünfte. – Hör zu:

Wenn der Sommer vorbei ist und die Ernte in die Scheuern gebracht ist, wenn sich die Natur niederlegt, wie ein ganz altes Pferd, das sich im Stall hinlegt, so müde ist es – wenn der späte Nachsommer im Verklingen ist und der frühe Herbst noch nicht angefangen hat –: dann ist die fünfte Jahreszeit.

Nun ruht es. Die Natur hält den Atem an; an andern Tagen atmet sie unmerklich aus leise wogender Brust. Nun ist alles vorüber: geboren ist, gereift ist, gewachsen ist, gelaicht ist, geerntet ist – nun ist es vorüber. Nun sind da noch die Blätter und die Gräser und die Sträucher, aber im Augenblick dient das zu gar nichts;

wenn überhaupt in der Natur ein Zweck verborgen ist: im Augenblick steht das Räderwerk still. Es ruht. Mücken spielen im schwarz-goldenen Licht, im Licht sind wirklich schwarze Töne, tiefes Altgold liegt unter den Buchen, Pflaumenblau auf den Höhen ... kein Blatt bewegt sich, es ist ganz still. Blank sind die Farben, der See liegt wie gemalt, es ist ganz still. Boot, das flußab gleitet, Aufgespartes wird dahingegeben – es ruht.

So vier, so acht Tage –

Und dann geht etwas vor.

Eines Morgens riechst du den Herbst. Es ist noch nicht kalt; es ist nicht windig; es hat sich eigentlich gar nichts geändert – und doch alles. Es geht wie ein Knack durch die Luft – es ist etwas geschehen; so lange hat sich der Kubus noch gehalten, er hat geschwankt ..., na ..., na ..., und nun ist er auf die andere Seite gefallen. Noch ist alles wie gestern: die Blätter, die Bäume, die Sträucher ... aber nun ist alles anders. Das Licht ist hell, Spinnenfäden schwimmen durch die Luft, alles hat sich einen Ruck gegeben, dahin der Zauber, der Bann ist gebrochen – nun geht es in einen klaren Herbst. Wie viele hast du? Dies ist einer davon. Das Wunder hat vielleicht vier Tage gedauert oder fünf, und du hast gewünscht, es solle nie, nie aufhören.

Es ist die Zeit, in der ältere Herren sehr sentimental werden – es ist nicht der Johannistrieb, es ist etwas andres. Es ist: optimistische Todesahnung, eine fröhliche Erkenntnis des Endes. Spätsommer, Frühherbst und das, was zwischen ihnen beiden liegt. Eine ganz kurze Spanne Zeit im Jahre.
Es ist die fünfte und schönste Jahreszeit.

Erntedank

Alles hat uns Gott gegeben

Alles hat uns Gott gegeben,
alles kam durch seine Macht,
alles wuchs durch seinen Segen,
alles hat er reif gemacht.

Wider die Maulwurfskrankheit

FULBERT STEFFENSKY

Wer danken kann, spürt das Leben. Lebensfreude und Lebensmut wachsen, die Welt taucht auf aus grauem Einerlei. Lob und Dank sind wie eine zweite Schöpfung der Welt.

»Die Welt wird erst sichtbar, wo sie besungen wird.« Diesen Satz habe ich einem Midrasch, einem rabbinischen Bibelkommentar zum 104. Psalm entnommen. Offensichtlich ist es möglich, das Glück des Lebens für so alltäglich und selbstverständlich zu halten, dass man es nicht mehr sieht. Man kann Brot essen und sich nicht darüber wundern, dass man satt wird. Man kann von einem Menschen geliebt werden und die Liebe achtlos für selbstverständlich halten. Man kann den Wind und die Nacht erleben und kein Loblied auf sie singen und keinen Dank für sie empfinden. In allen spirituellen Lehren wurde vor der Lebensträgheit, dem Lebensekel und der Stumpfheit gewarnt, die alles grau, undeutlich und schemenhaft lässt. Diese Haltung der Undankbarkeit und des vergessenen Lobes gehörte zu den Hauptsünden. Es ist eine Art Maulwurfskrankheit (der Herr Maulwurf, der Gott lobt mit seinem schönen

Frack, möge mir verzeihen, dass ich sein Bild benutze für diesen Zustand!). Lebensträgheit: zu träge sein, um den Glanz Gottes in seiner Schöpfung zu suchen. Lebensekel: die morbide Kunst, aus allem, was uns umgibt, nur den Verfall und die Zerstörung herauszulesen. Nicht klagen und nicht loben können, nicht weinen und nicht danken können, das ist die Maulwurfskrankheit, die alles grau und unentschieden lässt. Manchmal schlägt uns das Leben, und man hat keine Zunge zum Loben und zum Danken. Solche Zeiten soll man mit der Klage ehren. In anderen Zeiten sind wir auch für unsere Lebensfreude verantwortlich, zumindest ein Stück. Sie wächst, indem wir danken. Der Lebensmut und die Lebenslust wachsen, wo sie ein Lied und ein Wort des Dankes finden. Unbesungenes Leben ist nur ein halbes Leben. Das Lob und der Dank sind wie eine zweite Schöpfung der Welt und des Lebens, oder um es im Satz des Midrasch zu sagen: Die Welt wird erst sichtbar, wo sie besungen wird.

Ich vermute, dass Danken können auch mit dem Älterwerden zu tun hat. Ich stelle fest, dass Gebete des Dankes und Danklieder, als ich jung war, wenig zu meinem religiösen Sprachschatz gehörten. Ich mochte die drei letzten Psalmen des Psalters nicht, weil ich ihr Danken und Loben eher für eine Höflingssprache gehalten habe. Es gibt verschiedene Stationen der Frömmigkeit und der religiösen Sprache. Ein jugendlicher Mensch ist, wenn er gesund ist, eher ein kompromissloser Mensch. Er will alles, das ganze Glück, die ganze Gerechtigkeit. Er hat einen schönen Durst nach dem ganzen Leben. Und so ist seine Sache eher das Fordern und Vermissen. Je älter man wird, um so mehr hat man Augen und Herz für das kleine Gelingen. Darin ist ein Stück Resignation, aber keine falsche Abgefundenheit. Man lernt, dass das Leben endlich ist. Endlich ist die Zeit, die wir haben, endlich ist das Glück. Und so schätzt man die Süße dessen, was uns gewährt ist, auch wenn es nicht alles ist.

Das Leben lehrt uns mit den Jahren noch etwas Anderes, es lehrt uns, wie wenig wir die eigenen Lebensmeister sind. Wir spüren, wie sehr wir uns verdanken – einmal Gott, »der große Dinge tut an uns und allen Enden«, dann auch den Menschen, denen wir begegnet sind. Wir sind hineinverwoben in eine Lebensgüte, und wir essen von Broten, die wir nicht selber backen mussten. Ich bin ganz verliebt in das Wort »sich verdanken«. Der Grund meiner Freiheit ist der Blick der anderen, die mich mit Güte ansehen und deren Blick uns das große Ja zum Leben möglich macht. Es hat etwas mit Gewaltlosigkeit zu tun, wenn

wir danken, weil wir damit zugeben, dass wir uns verdanken. Wir müssen nicht dauernd auf der Lauer liegen nach der eigenen Lebensfülle. Wir müssen uns den anderen nicht dauernd abjagen. Wir müssen uns auch Gott nicht abjagen, denn wir verdanken uns. Wir sind, ehe wir uns gemacht haben.
Es ist übrigens eine schwere Kunst, zuzugeben, dass das Köstlichste, was wir haben, nicht von uns selber erarbeitet ist. Es ist schwer, sich zu verdanken, weil wir so gerne Meister unseres eigenen Lebens sind; weil wir die Abhängigkeit scheuen. Vielleicht fällt das Danken gerade den Männern schwer. Aber Dankbarkeit als Grund der Beziehung der Menschen zueinander ist unentbehrlich. Eine Liebe ohne Dankbarkeit füreinander, eine Freundschaft ohne Danken hat es schwer. Im Danken lernen wir, was wir einander haben; der Dank ernährt unsere Liebe. Es ist übrigens auch nicht ganz leicht, den Dank eines anderen anzunehmen. Es gehört Demut dazu, ohne Arroganz zu erkennen und zuzugeben, wie wichtig wir selber für andere sind. Aber es ist ein großes, heiteres Lebensspiel, zu danken und den Dank der anderen anzunehmen. Vielleicht dankt uns selbst Gott dafür, dass es uns gibt. Wenn wir dies wissen, dann brauchen wir uns nicht darin zu erschöpfen, uns immer nur als Sünder zu verstehen und zu bekennen.

Erntedank-Segen

Ich lege alles, was ich hab
an Früchten, hin auf den Altar
und dank dem Herrgott, der sie gab,
für seinen Segen in dem Jahr.

Nicht meine Müh, die Kraft der Hände,
hat Frucht auf Feld und Baum gebracht;
durch Fleiß allein kein Grashalm stände,
und keine Ähr wär heimgebracht.

Hätt Gott uns nicht den Wind geschickt,
dass Ähr und Ähre sich vermählt,
die Erde nicht mit Sonn beglückt,
wir hätten uns umsonst gequält.

Wär der Regen nicht gekommen,
der kühle Tau zur Morgenstund,
hätt die Biene nicht besonnen
die Blüt geküsst mit ihrem Mund,

wär Feld und Garten, Wies und Strauch,
wär alles, alles, öd und leer,
trotz der Arbeit und dem Fleiß –
auch Brot am Tisch gäb's nimmermehr.

Alles hat uns Gott gegeben,
alles kam durch seine Macht,
alles wuchs durch seinen Segen,
alles hat er reif gemacht.

Drum leg ich alles, was ich hab
an Früchten, hin auf den Altar
und dank dem Herrgott, der sie gab,
für seinen Segen in dem Jahr.

Wie ich loskomme von meinen hundert Hemden

HANS-ECKEHARD BAHR

»Lieber Herr Bahr«, wurde ich gefragt, »können Sie für uns einen Erntedankartikel schreiben? Nicht die klassischen Erntethemen, sondern die Gedanken eines älteren Menschen in einer Art Lebensrückblick.«

Lebensrückblick? Erntedank? Ich, der ewig Undankbare? »Wir werden milder«, schreibt ein 60-jähriger Freund aus Hamburg mir. Ich nicht. Ich nicht. Ich werde, je älter, desto zorniger darüber, dass alles immer so weitergeht. Wir seien in einem gnadenlosen Krieg gegen den Terrorismus, beschwören die Minister Schily und Beckstein uns, unisono mit den Stimmen aus Washington. Nicht die Armut sei die weltweite Bedrohung, meint unser Mann in Rom, sondern »der Relativismus«. Von Sachzwängen ist zu hören, weil die Fantasie für eine kühne Politik der Aussöhnung fehlt. Ich weiß ja, ein Volk, das solche Rennfahrer, solche Fußballer und solche Aufsichtsräte hat wie wir, kann auf seine Universitäten und seine Kirchen ruhig ver-

zichten. Dankbar sollte ich sein, Erntedank. Geh in dich, fang noch mal von vorne an.
1945. Ich, ein Flüchtlingskind aus Hinterpommern. Meine Schulkameraden packten Frühstücksbrötchen mit Wurst aus, ich mein Graubrot mit ekliger Fischpaste. Urlaubsreisen und Taschengeld waren Fremdwörter aus einer anderen Welt.
Geld? Wir hatten keins. Aber meine Mutter machte etwas daraus. Wir hatten buchstäblich kaum etwas zu beißen, aber jeder wurde sofort zu Tisch gebeten, der ins Haus schneite. Und immer ging es hoch her mit Witz und Ironie, sobald das »Kommherrjesus sei unser Gast« heruntergesprochen war. Nun aber, ich muss es sagen: Das winzige Flüchtlingszimmer in Eckernförde erzeugte eine lebenslange Begierde. Die Sucht nach weiten, pompösen Zimmerfluchten, nach Heraustretenkönnen auf die große Veranda. Den Sparsamkeitswahn von Mutter und Vater parierte ich mit Großmannssucht. Und – mit der Unfähigkeit, dankbar zu sein. Das Flüchtlingszimmer in Eckernförde wurde mit Hosen und Hemden buchstäblich zugestopft. Ich konnte kein Hemd weggeben, auch wenn es mir längst nicht mehr passte. Die Angst, alles zu verlieren, steckte mir in den Knochen.
Heute weiß ich natürlich: Nichts kann man kaufen

von dem, was mein Leben wirklich bestimmt, die Liebe nicht, das Vertrauen zu anderen nicht. Und auch den Trost nicht, wenn ich mich mal wieder vaterseelenallein fühle. Dann kommt es darauf an, all dies zu entdecken, um mich herum. Diesen Blick der Güte auf mich, die Freundschaft mit ein paar Menschen, an denen mir viel liegt. »So ist das mit dem Glück im Leben«, hat ein Kollege neulich gesagt, »es fällt zu. Es liegt in den kleinen großen Dingen. Ein Geldstück in der Not, eine liebevolle Umarmung, eine abgeschlossene Arbeit, ein unerwarteter Anruf, ein ermutigender ärztlicher Befund.« Ein Geldstück in der Not? Also doch, das Geld. Verschämt zwar erwähnt es der Kollege, als ob er ganz von Luft und Liebe lebte. So bescheiden bin ich nicht, will ich nicht sein. Ich mag Geld. Ich freue mich riesig, wenn ich unerwartet eine Rückzahlung bekommen habe. Und dann – lege ich das Geld nicht zurück, bringe es nicht aufs Konto. Nein, ich werde spendabel in diesem Moment, übermütig fast.

Was wäre das für ein Leben, das sich nicht verschwendet, höre ich meinen Vater reden. Das Knickerige verachtete er. Die Kleingläubigen in der Verwandtschaft taten ihm leid. »Ich bin gekommen, dass sie das Leben haben und es in Fülle haben«, das war der Jesus-Satz,

bei dem er sich begeistern konnte. Und füllte den Teller zum dritten Mal mit roter Grütze auf.
Die Fülle – am Schluss zeigte sie sich ihm anders. Ich sehe ihn im Altersheim, auf zwanzig Quadratmetern. Geht's dir gut, frage ich vorsichtig. Hier, sieh mal, lacht er, diese interessante Postkarte kam letzte Woche. Die Postkarte ist potthässlich. Aber er findet sie entschlossen gut. Die jungen Pflegerinnen kommen gerne in sein Zimmer. Endlich einer, der nicht bitter ist, nicht so selbstzärtlich larmoyant. Eine Motte flattert eben durchs kleine Zimmer. Ich springe auf, will sie wegklatschen. Nein, nein, nicht doch, ruft er, das ist doch meine Freundin, seit vier Tagen schon. Gegen fünf, wenn die Abendsonne hier rein scheint, dann schimmern ihre Flügel so silbrig. Ein Ballett, lacht er, mein Ballett. Er ist lebens-dankbar, denke ich. Und du? Ich mache den Versuch, ein bisschen davon nachzumachen, wieder einmal. Ich gebe all die Bücher weg, die ich in den letzten Jahren nicht mehr aufgeblättert habe. Und all die Hemden, Hosen, Mäntel, von denen ich glaubte, ich könnte mich von ihnen nicht trennen.
Und all die vielen Menschen, die früher einmal meinen Weg gekreuzt haben. Nein, ich lasse die alten Zeiten auf sich beruhen, verabschiede mich von vielen dieser Bekanntschaften, trage nur die wenigen ins neue

Adressbuch ein, die mir heute etwas bedeuten. Ich atme auf. Die Angst fällt ab, ich stünde ohne die vielen Bekannten nackt da. Sich absichern, in Menschen, die festgehalten werden, in Sachen, die mich versorgen sollen?
Sorget nicht für den morgigen Tag, höre ich Jesus sagen. Er sagt es lächelnd, wie zu einem Kind, das nicht erwachsen werden will. »Ich bring alles wieder«, heißt es im Kirchenlied. Nur anders, ganz anders, als du denkst.

Oktober

Die Blätter fallen, fallen wie von weit

Die Blätter fallen, fallen wie von weit,
als welkten in den Himmeln ferne Gärten;
sie fallen mit verneinender Gebärde.

Exemplarische Herbstnacht

ERICH KÄSTNER

Nachts sind die Straßen so leer.
Nur ganz mitunter
markiert ein Auto Verkehr.
Ein Rudel bunter
raschelnder Blätter jagt hinterher.

Die Blätter haschen und hetzen.
Und doch weht kein Wind.
Sie rascheln wie Fetzen und hetzen
und folgen geheimen Gesetzen,
obwohl sie gestorben sind.

Nachts sind die Straßen so leer.
Die Lampen brennen nicht mehr.
Man geht und möchte nicht stören.
Man könnte das Gras wachsen hören,
wenn Gras auf den Straßen wär.

Der Himmel ist kalt und weit.
Auf der Milchstraße hat's geschneit.
Man hört seine Schritte wandern,
als wären es Schritte von andern,
und geht mit sich selber zu zweit.

Nachts sind die Straßen so leer.
Die Menschen legten sich nieder.
Nun schlafen sie, treu und bieder.
Und morgen fallen sie wieder
übereinander her.

Herrn Hoffmanns Hut

ROLF KRENZER

An einem stürmischen Sonntag im Herbst ging Herr Hoffmann mit seiner Frau spazieren. »Frische Luft tut immer gut!«, hatte Herr Hoffmann gesagt. So war es trotz des Windes ein schöner Spaziergang geworden.
Als sie aber kurz vor ihrem Gartentürchen waren, riss ein besonders starker Windstoß Herrn Hoffmann den Hut vom Kopf. »Haltet ihn! Haltet ihn!«, rief Herr Hoffmann und rannte hinter seinem Hut her. Der Hut wurde von dem Wind über den Zaun in Hoffmanns Garten geblasen. Frau Hoffmann öffnete schnell die Gartentür, doch der Hut flog schon weiter. Herr und Frau Hoffmann liefen hinter dem Hut her. Fast hätte Frau Hoffmann ihn erwischt, da war er schon wieder weg. Sie rannten und rannten, aber der Hut war schneller.
Zuletzt sahen sie ihn überhaupt nicht mehr. Sie suchten überall im Garten. Doch der Hut blieb verschwunden. »Dann muss ich mir eben einen neuen Hut kaufen!«, meinte Herr Hoffmann und gab endlich die Suche auf. Aber seltsam kam ihm die Sache doch vor.

Der Herbst ging vorbei und der Winter kam. Nach Weihnachten kam Neujahr, nach Neujahr Fasching. Endlich zog der Frühling in das Land.
Einmal war es so warm, dass Herr und Frau Hoffmann im Garten ihren Kaffee trinken konnten.
Plötzlich schrie Frau Hoffmann auf und zeigte auf den großen Baum neben dem Haus. »Schau doch einmal, Herbert!«, rief sie. »Schau einmal zu dem rechten dritten Ast.«
Herr Hoffmann schaute und entdeckte ein Vogelnest. »In dem Baum nisten doch oft Vögel!«, meinte er.
Aber Frau Hoffmann rief: »Schau einmal ganz genau!«
Da sah Herr Hoffmann, dass das Vogelnest gar kein richtiges Vogelnest war.
Ein Vogelpärchen hatte den Hut als Nest verwendet. Jetzt zog es dort seine Jungen auf. Herr Hoffmann lachte, dass ihm der Bauch wackelte. Dann lief er ins Haus hinein und holte seinen Fotoapparat.

Herbstgewitter über Dächern

REINHARD MEY

Herbstgewitter über Dächern,
Schneegestöber voller Zorn,
Frühjahrssturm im Laub vom Vorjahr,
Sommerwind in reifem Korn.

Hätt' ich all das nie gesehen,
säh', für alles andre blind,
nur den Wind in deinen Haaren,
sagt' ich doch, ich kenn' den Wind.

Straßenlärm und Musikboxen,
weh'n ein Lied irgendwo her.
Düsengrollen, Lachen, Rufen,
plötzlich Stille ringsumher.

Hätt' ich all das nie vernommen,
wär' für alles taub und hört'
nur ein Wort von dir gesprochen,
sagt' ich doch, ich hab' gehört.

Bunte Bänder und Girlanden,
Sonne nach durchzechter Nacht,
Neonlicht im Morgennebel,
kurz bevor die Stadt erwacht.

Wär' mir das versagt geblieben,
hätte ich nur dich gesehn,
schließ ich über dir die Augen,
sagt' ich doch, ich hab' gesehn.

Warten, Hoffen und Aufgeben,
Irren und Ratlosigkeit,
Zweifeln, Glauben und Verzeihen,
Freudentränen, Trunkenheit.

Hätt' ich all das nie erfahren,
hätt' ich all das nie erlebt,
schlief' ich ein in deinen Armen,
sagt' ich doch, ich hab' gelebt.

Oktober

CURT GROTTEWITZ

Durch den Kiefernhochwald führte ein breiter Fahrweg. Dicke Ahornbäume, in regelmäßigen Abständen gepflanzt, zogen sich an den Rändern der Straße hin und bildeten mit ihrer milden, schwefelgelben Belaubung einen eigentümlichen Kontrast zu dem rauen Grün der Nadelkronen. Die Frische des Herbstmorgens vereinte sich mit dem Duft des Waldbodens und dem Kiengeruche zu einem Hauche urwüchsiger Kraft, der wiederum in grellem Gegensatze stand zu dem Nebel, der die ganze Natur in einen ungewissen leichten Schleier hüllte und auf etwa hundert Meter Entfernung den Gesichtskreis mit einer dichten Wand versperrte.

Herr Tanzmann prüfte den Nebel mit durchdringendem Blick.

Es gibt hier zwei Möglichkeiten, sagte er zu sich. Entweder der Nebel steigt auf und verdichtet sich oben zu Gewölk, dann bekommen wir einen trüben Tag, oder er fällt als Tau herab, dann wird die Luft rein, und wir bekommen das herrlichste Wetter!

Und nun suchte er durch den Nebel hindurch ein Stückchen blauen Himmels zu erspähen. Wirklich schien es ihm, als ob die weiße Dunstmasse nach oben zu dünner wurde und einen flimmernden und bläulichen Widerschein erhalte. Und während nun Herr Tanzmann an dem taufrischen Grasrande des Weges entlang, an den gelb belaubten Ahornbäumen vorüber, munter drauf los marschierte, wurde die Nebelschicht nach oben zu immer dünner und dünner, immer lichter und lichter. Allmählich konnte Herr Tanzmann direkt über sich kleine Flecken blauen Himmels erkennen, während die Sonne wegen ihres tiefen Morgenstandes noch ganz verhüllt war, denn in waagerechter Richtung wurde der fallende Nebel immer dichter und dichter; was er an Höhe verlor, gewann er an Undurchdringlichkeit. Herr Tanzmann konnte jetzt kaum zehn Schritt weit sehen, sein Horizont war so eng geworden, daß er nur ein Stück grau-braunen Weges, fünf Meter Grasrand, einen und einen halben Ahornbaum und sechs Kiefern, davon zwei auch nur zum Teil mit seinem Blicke umfassen konnte. Wir gehen bösen Zeiten entgegen, seufzte Herr Tanzmann. Wir werden immer dümmer und beschränkter. Es liegt ein dichter drückender Nebel über dem Land, der jeden Blick nach vorwärts hemmt. O weh, man wird uns noch ganz die Augen verbinden!

Der Nebel wurde immer noch kompakter. Aber nun zeigte sich ein seltsames Naturspiel. Drüben in einiger Entfernung erblickte Herr Tanzmann plötzlich eine bewaldete Höhe, deren grüne Kiefern von ziemlich hellem Lichte bestrahlt waren. Er war einigermaßen überrascht. Hier unten alles in Nebel förmlich eingewickelt, dass man nur ein paar Schritte weit sehen konnte und da drüben, sicher nur eine halbe Stunde entfernt, dieser Hügel ganz deutlich sichtbar und dabei strahlend und heiter wie ein glücklicher Traum von Zukunft und Hoffnung. War es wirklich nur ein Traum, nur eine Vision? Herr Tanzmann litt nicht an Visionen, träumte nie, trank selten und war überhaupt nicht poetisch veranlagt. Die Sache war, wenn vielleicht auch selten vorkommend, doch ganz klar: Der Nebel war eben so weit gefallen, dass er sich nur bis zu einer geringen Höhe über dem Boden erhob. Alles was darüber hinausragte, war nebelfrei und auch für den sichtbar, der nahe genug war, um die Höhe noch in einem hinreichend großen Sehwinkel durch die nach oben zu nur wenig dicke Nebelschicht zu erblicken.

Jetzt aber ging überhaupt die Herrschaft des Nebels zu Ende. Denn nun drangen auch die Strahlen der Sonne siegreich durch. Von ihr erwärmt, gingen die kleinen Nebelbläschen in dünne Wasserstäubchen über, die eine Zeit lang in der Luft umherwogten, und dann nach und nach zur Erde fielen. Und nun glänzte die Sonne am milden, blauen Oktoberhimmel, und die recht kühle Morgenluft erwärmte sich rasch. Am Grase des Wegrandes und des Waldbodens strahlte der Tau, und Habichtskraut und Glockenblumen öffneten ihre gegen die nächtliche Kälte zusammengezogenen Blüten von neuem der leuchtenden Sonne.

Dem Kiefernwalde sah man nur wenig die Spuren des Herbstes an. Hier und da freilich erinnerten die braunen Wedel des Farnkrautes, die roten Blätter an den Brombeersträuchern und das gelbe Laub einer Birke an die vorgerückte Jahreszeit. Aber im ganzen hatte er in dem Immergrün seiner Nadelkronen auch jetzt denselben Charakter unvergänglicher Frische, den er das ganze Jahr hindurch zeigt.

Das Bild der Natur änderte sich jedoch sofort, als die Straße den Wald verließ. Herr Tanzmann sah vor sich ein weites Gelände brauner Sturzäcker und lichtgrüner Saatfelder, auf denen der vor wenig Wochen gesäte Roggen eben in dünnen Halmen hervorgebrochen war. Das ganze Gelände lag ziemlich hoch, nur an einer Seite senkte es sich in sanftem Abhang nach Wiesen herab, deren saftiges Herbstgrün von schwarzen Torftümpeln unterbrochen war. Herr Tanzmann wandte sich auf einem Seitenwege nach diesem Abhange hin, wo inmitten von bunt belaubten Bäumen ein kleiner Hof sichtbar wurde. Herrn Tanzmann schlug das Herz etwas schneller, als er sich dem kleinen Hause näherte. Hier wohnte Frau Tanzmann, seine Mutter. Die Hütte sah noch immer so traulich aus wie früher, als er selbst hier wohnte. Das verhältnismäßig hohe Ziegeldach, die grünen Läden zur Seite der kleinen Fenster, die drei Sandsteinstufen vor der braunen Haustür, alles war wie früher. Vor dem Hause zog sich eine Mauer aus Findlingssteinen hin, die ganz mit purpurrotem wilden Wein umzogen war. Herr Tanzmann trat durch die kleine Holztür, die neben dem großen Tor lag, in den Hof, wo vor der Scheune und dem Stallgebäude Hühner, Gänse und anderes Federvieh sich tummelte. Ein großer schwarzer Hund kroch knurrend aus seiner Hütte und bellte den Ankommenden laut an, unterbrach sich jedoch schnell und machte mit den Beinen und dem Kopfe wiegende, bewillkommnende Bewegungen. Herr Tanzmann streichelte das Tier, um dann nach Dorfgebrauch durch die Hintertür in das Wohnhaus einzutreten. Frau Tanzmann war gerade in der Küche und schabte Mohrrüben. Als sie ihren Sohn bemerkte, fiel ihr das Messer aus der Hand, sie sprang auf und rief: »Herr Tanzmann, du!«

Dann rannte sie an das Waschbecken, wusch die Hände, trocknete sie ab und streckte ihm dann die Rechte entgegen. Und während Herr Tanzmann sie herzlich begrüßte und sie fragte und auf sie einredete, sprach sie fast kein Wort, lief einmal zu ihren Mohrrüben, dann rückte sie ihre Blumentöpfe mit den Küchenkräutern am Fenster zurecht, dann stocherte sie mit dem eisernen Haken in dem Feuer der Maschine herum, aus dem ein gemütlicher Torfgeruch hervor stieg. Herr Tanzmann kannte sie, sie war in voller Aufregung, und man musste ihr Zeit lassen, um ihres Gefühles der Freude, die sie nicht ausdrücken konnte, mit diesem seltsamen Gebaren Herr zu werden. Er wusste aber, wie ihr am besten beizukommen war. Er wies auf die Kartoffeln hin, die in einem Korbe neben dem Küchenspind standen.

»Na, sind die Kartoffeln alle ausgebuddelt?«

»Ja«, sagte sie, »damit sind wir schon lange fertig.«

»Diese hier sind nicht schlecht; sind sie alle gut geraten?«

»Es könnte schon besser sein«, antwortete sie. Sie gehörte zu denen, die niemals zugeben, dass etwas gut ist, wohl aus Besorgnis, dass sie es »berufen« könnte. Herr Tanzmann musste deshalb fragen:

»Waren viele faule darunter?«

»Das ja gerade nicht«, meinte sie.
»Sind viel kleine dabei?«
»Ach, das nun gerade auch nicht.«
Herr Tanzmann schloss daraus, dass ihre Kartoffelernte vorzüglich gewesen sein musste.
Dann kam er auf die Runkelrüben zu sprechen, wobei seine Mutter von einer völligen Missernte sprach. Durch Kreuz- und Querfragen erfuhr er aber, dass nur das Kraut durch einige Septemberfröste etwas beschädigt worden war. Mit den Pflaumen war sie auch nicht zufrieden, die wären alle madig gewesen. Doch musste sie auf Herrn Tanzmanns geschickte Fragen zugeben, dass sie ein paar Zentner mehr verkauft hatte als andere Jahre und dass sie einen recht annehmbaren Preis bekommen hatte. Bei diesen Gesprächen aber wurde sie zusehends munterer und lebendiger, denn nun sah sie, dass ihr Sohn in der Stadt nicht hochmütig geworden war und noch ein Interesse für Kartoffeln, Runkelrüben, Hof, Garten und Feld bewahrt hatte. Trotzdem guckte sie ihn noch manchmal misstrauisch an und einmal nahm sie ihn zur Seite und sagte leise:
»Du, Herr Tanzmann, du kannst mir's offen eingestehen: Kommst du noch manchmal heraus aus Berlin … ins Freie?«
Als ihr Sohn ihr nun feierlich versichert hatte, dass er

noch der alte Sonntagswanderer sei wie immer, war sie zufrieden und nun plauderte sie weiter über allerlei. Herr Tanzmann ging in Haus und Hof umher, um alles zu besichtigen. In der guten Stube trug sie ihm dann ein Frühstück auf, alles Produkte ihrer Wirtschaft: Bauernbrot, das sie selber gebacken, Butter und Käse von ihrer Kuh, sodann Rettiche und ein Glas Johannisbeerwein, den sie so köstlich bereitete. Und während Herr Tanzmann mit dem Appetit aß, der ihm eigen und durch die Wanderung noch verstärkt war, zeigte sie ihm ihre Zimmerblumen, Palmen, Kakteen und blühende Gewächse aller Art, von denen sie die meisten selber aus Samen gezogen hatte. Dann gingen sie hinaus in den großen Garten, ein Mittelding zwischen Nutzland und Wald. Denn Frau Tanzmann, in ihrer Liebe für die Natur, hatte von jeher eine Leidenschaft gehabt, die verschiedenartigsten Pflanzen, Bäume, Sträucher, Blumen, Nutzgewächse in ihrem Garten anzusiedeln, und so lagen regelmäßige Gemüserabatten neben Blumenrondells, ein dichter, etwa einen Morgen umfassender Laubwald erhob sich inmitten von Grasflächen, Obstbäume wechselten ab mit wilden Strauchgruppen.

Jetzt prangte der Garten in den prächtigsten bunten Farben des Herbstes. Vorn in der Nähe des Hauses blüten noch die Spätlinge der Blumenwelt, duftende Levkojen, gelbe Ringelblumen und hohe buschige lilafarbige Herbstastern. Dann kamen große Beete Sonnenblumen, die ihre gebräunten Riesenköpfe senkten. Frau Tanzmann zog sie der Kerne wegen, mit denen sie ihre Hühner fütterte. Jetzt naschten bereits Spatzen und Meisen von den ölhaltigen Samen der Blumen. Die Gemüsebeete waren bereits leer und zum Teil umgegraben, nur der Grünkohl, Rosenkohl und Sellerie grünten noch in regelmäßigen Reihen. Hinter der Scheune, deren nach Süden gerichtete Wand mit Wein überzogen war, befand sich ihr »Treibhaus«. Hier in diesem Winkel, der vor rauen Winden geschützt war, und zu dem die Sonne den ganzen Tag über ihre Strahlen niedersenden konnte, herrschte jederzeit eine um mehrere Grad höhere Temperatur als im übrigen Garten. Hier standen Pfirsich- und Aprikosenbäumchen noch im fast vollen grünen Schmucke ihrer Blätter, hier befanden sich einige Apfelpyramiden, voller herrlicher großer Früchte, hier prangten noch knallrote Tomaten an ihrem etwas durch die Kälte verunzierten Kraut, hier wuchsen Artischocken, Eierpflanzen und andere Kinder eines südlichen Klimas, die hier in diesem warmen Winkel recht gut gediehen. Sogar einige Tabakpflanzen bemerkte Herr Tanzmann hier.

»Na, na, Mutti«, sagte er lächelnd, »du rauchst wohl gar neuerdings?«
»Ei behüte und bewahre!«, rief sie entsetzt. Und sie entschuldigte sich lange und bemühte sich, ihm klar zu machen, dass sie die Pflanzen »man nur so wachsen sehen möchte.« So musste sie sich oft entschuldigen, denn ihre Freundinnen vom nahen Dorfe, die sich häufig bei der erfahrenen Frau Rat holten oder ihr Gesellschaft leisteten, wollten freilich nichts gelten lassen, als was Nutzen brachte. Herr Tanzmann streichelte ihr sanft die Wange und sagte:
»Mutterchen, bei mir brauchst du dich nicht zu entschuldigen, dein Sohn ist ein so kurioser Kerl, dass er oft meilenweit rennt, um irgendein schäbiges Unkraut zu sehen.«
»Na ja, ich kenn' dich ja«, sagte sie. »Ich will dir aber eine Lehre geben, Herr Tanzmann: Man lernt in der Natur nie aus, ich nicht und du nicht!«
Sie wandten sich nun dem Teil des Gartens zu, der mehr einer waldigen Landschaft glich, aber einer Landschaft, die die Kennzeichen der verschiedensten Gegenden in sich vereinigte. Da kamen sie an einer großen Buschgruppe vorüber, in der die verschiedenartigsten Herbstfarben, gleichsam vereint, einen wunderbaren Effekt machten. Das feuerrote Laub der amerikanischen

Scharlacheiche vermischte sich mit dem hellen Gelb einiger Ulmen und dem Braun eines breitkronigen Kastanienbaumes, und darunter bildeten Hartriegel mit dunkelviolettem Laub, eine Ölweide mit silbergrauen Blättern und Essigbäumchen mit rot-gelb-grün changierendem Laube ein farbenfreudiges Buschwerk. Trotz der schillernden Buntheit hatten die Farben dieser Blätter doch jene milde weiche Nuancierung, die das Herbstkolorit zum Ausdruck des ruhigen Entsagens, des wehmütigen Hinsterbens macht …

Frau Tanzmann ging mit ihrem Sohne weiter durch einen kleinen Birkenhain. Die weißen Stämme der schlanken Bäume reckten sich, oft wunderlich gebogen, hinauf in den blauen Oktoberhimmel, und das zierliche gelbe Laub umfing ihre Zweige wie in gebrochener Kraft.

»Du warst lange nicht hier, Herr Tanzmann«, sagte sie. »Wirst du nicht einmal wieder ganz zurückkehren hierher zu mir, mein Sohn?«

»Ich weiß es nicht«, sagte er trübe. Und er dachte an die Stadt, an deren Steinmauern er nun einmal gebunden war. Vielleicht würde er doch einmal zurückkehren, später, später, wenn er einmal gefunden, was er suchte. Dann würde er zu diesem stillen Frieden zurückkehren. Aber jetzt, jetzt suchte er keinen Frieden.

Sie setzten sich beide auf eine Bank unter einem alten Haselbusch, und während sie ihm von all den lieben Stätten des Gartens erzählte, die er von Kindheit an kannte, sah er gedankenvoll zu, wie drüben ein Blatt von einem Birkenzweige sich loslöste, wie es in langsamem Falle in der Luft umherwirbelte und sich überschlug, wie es dann ruhig herabschwebte und lautlos niedersank ins dürre Gras.

Herbst

RAINER MARIA RILKE

Die Blätter fallen, fallen wie von weit,
als welkten in den Himmeln ferne Gärten;
sie fallen mit verneinender Gebärde.

Und in den Nächten fällt die schwere Erde
aus allen Sternen in die Einsamkeit.

Wir alle fallen. Diese Hand da fällt.
Und sieh dir andre an: es ist in allen.

Und doch ist Einer, welcher dieses Fallen
unendlich sanft in seinen Händen hält.

Das letzte Blatt

O. HENRY

In einem kleinen Stadtteil westlich des Washington Square sind die Straßen verrückt geworden und haben sich selbst in schmale Streifen aufgespalten, die man »Plätze« nennt. Diese »Plätze« bilden merkwürdige Winkel und Kurven. Eine Straße überkreuzt sich selber ein- bis zweimal. Ein Künstler entdeckte einmal eine wertvolle Möglichkeit in dieser Straße. Angenommen, ein Kassierer mit einer Rechnung für Farben, Papier und Leinwand würde, während er durch diese Straße geht, sich selbst auf dem Rückweg begegnen, ohne auch nur einen Cent für die Rechnung bekommen zu haben!

Bald durchstreifte das Künstlervolk das seltsame Greenwichviertel und suchte nach Nordfenstern, nach Giebeln aus dem achtzehnten Jahrhundert, nach holländischen Mansardenzimmern und billiger Miete. Dann brachten sie noch einige Zinnkannen und ein bis zwei Kohlenbecken aus der Sixth Avenue an und wurden zur »Kolonie«.

Im obersten Stockwerk eines gedrungen wirkenden dreistöckigen Backsteinhauses hatten Sue und Johnsy ihr Atelier aufgeschlagen. »Johnsy« bedeutete eigentlich Johanna. Diese stammte aus Maine, die andere aus Kalifornien. Sie hatten sich an der Table d'hote bei »Delmonico« in der Eighth Street getroffen und soviel Übereinstimmung in ihrem Geschmack für Kunst, Chicoreesalat und Puffärmel gefunden, dass daraus das gemeinsame Atelier entstand.

Das war im Mai gewesen. Im November schlich ein kalter, unsichtbarer Fremder, den die Ärzte Pneumonia nannten, durch die Kolonie und berührte einmal dort und einmal da einen mit seinem eisigen Finger. Drüben im Osten schritt dieser unverschämte Verwüster mit Riesenschritten aus und holte sich seine Opfer zu Hunderten, aber hier, durch den Irrgarten der engen und moosüberwachsenen »Plätze« schritten seine Füße langsam. Mr. Pneumonia gehörte nicht zu denen, die den Titel eines ritterlichen alten Kavaliers verdienten. Jenes Bisschen von kleiner Frau, deren Blut durch die warmen kalifornischen Winde dünn geworden war, stellte kaum eine richtige Jagdbeute für den rot fäustigen, kurzatmigen alten Dummkopf dar. Aber Johnsy berührte er; und sie lag fast regungslos auf der lackierten Bettstelle und blickte durch die holländischen Fensterscheiben auf die glatte Mauer des anschließenden Backsteinhauses.

Eines Tages bat der viel beschäftigte Arzt Sue in die

Diele und runzelte seine struppigen, grauen Augenbrauen.

»Ihre Chancen stehen eins zu – na, sagen wir zehn«, sagte er, während er das Thermometer herunterschüttelte. »Und diese Chance liegt in ihrem Willen, am Leben zu bleiben. Die Art, wie die Leute beim Totengräber Schlange stehen, macht die ganze Arzneikunst lächerlich. Ihre kleine Dame ist sich darüber im klaren, dass es nicht besonders mit ihr steht. Hat sie irgend etwas Besonderes, woran sie denkt?«

»Sie – sie möchte einmal die Bucht von Neapel malen«, sagte Sue.

»Malen? – So 'n Blödsinn. Hat sie nicht irgendwas, wobei es sich auch lohnt, öfters daran zu denken? Zum Beispiel einen Mann?«

»Einen Mann?«, fragte Sue, und ihre Stimme klang wie der scharfe Ton einer Maultrommel. »Ist ein Mann wert, dass – aber nein, Doktor; sie hat nichts dergleichen.«

»Das ist natürlich schlecht«, sagte der Doktor. »Ich werde alles anwenden, was die Wissenschaft uns gibt, soweit es in meiner Macht steht. Aber sobald meine Patientin die Anzahl der Fahrzeuge bei ihrem Leichenzug zu zählen beginnt, muss ich fünfzig Prozent der Heilkraft aller Medizinen abziehen. Wenn Sie sie aber dazu bringen, dass sie nur eine Frage nach der neuen Wintermode der Mantelärmel stellt, dann verspreche ich Ihnen eine Fünfzig-zu-eins-Chance und nicht wie jetzt zehn zu eins.«

Nachdem der Doktor gegangen war, stürzte Sue in den Arbeitsraum und heulte eine ganze japanische Papierserviette zu einem feuchten Brei. Dann stolzierte sie mit ihrem Zeichenbrett in Johnsys Zimmer und pfiff einen Ragtime.

Johnsy machte kaum die leiseste Bewegung unter der Bettdecke und hatte das Gesicht dem Fenster zugewandt. Sue hörte mit pfeifen auf, da sie meinte, ihre Freundin schliefe.

Sie rückte das Zeichenbrett zurück und begann eine Federzeichnung, die als Illustration für eine Magazingeschichte gedacht war. Junge Künstler müssen sich zur Kunst über Magazingeschichten durchschlagen, die junge Schriftsteller schreiben, um sich so ihren Weg zur Literatur zu bahnen.

Als Sue gerade für den Helden, einen Cowboy aus Idaho, elegante Reithosen und ein Monokel entwarf, hörte sie ein schwaches Geräusch, das mehrere Male wiederholt wurde. Schnell ging sie zum Bett.

Johnsys Augen waren weit geöffnet. Sie blickte aus dem Fenster und zählte – zählte rückwärts.

»Zwölf«, sagte sie und etwas später »elf«; und dann »zehn« und »neun«; und dann »acht« und »sieben« fast gleichzeitig.
Besorgt schaute Sue aus dem Fenster. Was gab es da zu zählen? Man sah nur einen nackten, langweiligen Hinterhof und in einer Entfernung von sechs Metern die kahle Ziegelmauer des Nachbarhauses. Eine uralte Weinranke mit knorrigen und verwelkten Wurzeln wuchs bis zur Hälfte der Wand empor. Der kalte Atem des Herbstes hatte die Blätter abgezaust, und die jetzt beinahe nackten Zweige klammerten sich an die verwitterten Ziegel.
»Was hast du, Liebling?«, fragte Sue.
»Sechs«, flüsterte Johnsy fast unhörbar. »Jetzt fallen sie rascher. Vor drei Tagen waren es fast noch hundert. Vor lauter Zählen habe ich Kopfschmerzen bekommen. Aber jetzt ist es einfach. Da, wieder ein Blatt. Jetzt bleiben nur noch fünf.«
»Fünf was, Liebling? Sag's deiner Sudie.«
»Blätter. An der Weinranke. Wenn das letzte abfällt, dann muss auch ich gehen. Das weiß ich seit drei Tagen. Hat dir der Arzt denn nichts erzählt?«
»Oh, ich habe noch niemals so einen Blödsinn gehört«, widersprach Sue mit großartig gespieltem Zorn. »Was haben alte Weinblätter mit deiner Genesung zu tun? Und

du hast diesen Wein immer so gern gehabt, du schlechtes Mädchen. Sei keine dumme Gans. Wieso, der Doktor hat mir heute morgen gesagt, dass deine Chancen, bald wieder gesund zu werden – lass mich überlegen, was er genau gesagt hat – ja, er sagte, die Chancen wären eins zu zehn. Das ist dieselbe Chance, wie wir sie in New York haben, wenn wir mit der Straßenbahn fahren oder an einem Neubau vorübergehen. Versuch etwas von der Bouillon zu trinken und lass Sudie ihre Zeichnung fertigmachen, damit sie sie dem Redakteur verkaufen und dem kranken Kind Portwein und ihrem eigenen gefräßigen Magen Schweinefleisch mitbringen kann.«

»Du brauchst keinen Wein mehr zu besorgen«, sagte Johnsy, und ihre Augen starrten aus dem Fenster. »Da fällt wieder eins. Nein, ich möchte keine Bouillon. Nur noch vier Blätter. Ich möchte noch sehen, wie das letzte Blatt wegweht, bevor es dunkel wird. Dann gehe ich.«

»Johnsy, mein Liebling«, sagte Sue und beugte sich über sie, »versprichst du mir, deine Augen zu schließen und nicht mehr aus dem Fenster zu schauen, bis ich mit meiner Arbeit fertig bin? Ich muss diese Zeichnung morgen abliefern. Ich brauche Licht, sonst würde ich den Rollladen herunterlassen.«

»Könntest du nicht im anderen Zimmer zeichnen?«, fragte Johnsy kühl.

»Ich bleibe lieber bei dir«, sagte Sue. »Außerdem will ich nicht, dass du weiter diese blöden Weinblätter anstarrst.«

»Sags mir, sobald du fertig bist«, sagte Johnsy, schloss ihre Augen und lag weiß und still wie eine umgestürzte Statue, »weil ich das letzte Blatt fallen sehen will. Ich bin des Wartens müde. Ich will nicht mehr denken. Ich möchte jede Bindung lösen und wegflattern, einfach hinunter, wie eins dieser armen, müden Blätter.«

»Versuch doch zu schlafen«, sagte Sue. »Ich muss noch zu dem alten Behrman gehen, um ihn zu bitten, mir für den alten, einsamen Bergarbeiter Modell zu sitzen. Ich bleib nur einen ganz kurzen Augenblick. Versuch dich nicht zu bewegen, bis ich wiederkomme.«

Der alte Behrman war ein Maler, der ein Stockwerk unter ihnen wohnte. Er war über sechzig, hatte einen Kopf wie ein Satyr und einen Bart wie der Moses von Michelango, der in Locken über einen knabenhaften Körper wuchs. Behrman war ein gescheiterter Künstler. Seit vierzig Jahren hatte er den Pinsel geführt, aber es war ihm nie gelungen, auch nur den Rocksaum seiner Herrin, der Kunst, zu berühren. Er war immer drauf und dran, ein Meisterwerk zu malen, aber bis jetzt hatte er noch nicht einmal damit angefangen. Viele Jahre hindurch hatte er nichts weiter gemalt als ab und zu ein Plakat für Anzeige- oder Reklamezwecke. Er verdiente sich etwas mit Modell stehen für die jungen Künstler in der Kolonie, die ein Berufsmodell nicht bezahlen konnten. Er trank unmäßige Mengen Gin und sprach noch immer von seinem Meisterwerk. Sonst war er ein bärbeißiger alter Mann, der jedes Zartgefühl im Menschen schrecklich verspottete und sich für einen besonderen Kettenhund hielt, der die beiden Künstlerinnen im Atelier über ihm bewachte.

Sue fand den stark nach Wacholderbeeren duftenden Behrman in seiner schwach beleuchteten Bude. In einer Ecke stand eine leere Leinwand auf einer Staffelei und wartete seit fünfundzwanzig Jahren darauf, den ersten Strich für das Meisterwerk zu empfangen. Sue erzählte ihm von Johnsys merkwürdiger Idee, und dass sie fürchtete, Johnsy würde, allerdings ebenso zerbrechlich und leicht wie ein Blatt, wegwehen, wenn ihr Wille, auf dieser Welt zu leben, noch schwächer werden sollte.

Behrman, dessen rote Augen offen tränten, gab schreiend seiner Verachtung und seinem Hohn über solche idiotische Einbildung Ausdruck.

»Was!«, schrie er. »Gibt es denn noch Leute auf dieser Welt, die so dumm sind zu sterben, bloß weil Blätter von einem verfluchten Wein abfallen? So etwas habe ich doch noch nicht gehört. Nein, ich werde nicht für Ihren blödsinnigen einsamen Dummkopf Modell sitzen. Wie können Sie nur zulassen, dass sich so eine hirnverbrannte Albernheit bei ihr festsetzt? Ach, diese arme kleine Miss Johnsy.«

»Sie ist sehr krank und schwach«, sagte Sue, »und das Fieber hat ihren Verstand geschwächt und lauter merkwürdige Vorstellungen hervorgerufen. Nun gut, Mr. Behrman, wenn Sie kein Interesse haben, mir zu sitzen, dann lassen Sie es bleiben. Aber ich glaube, Sie sind ein schrecklicher alter Schwätzer.«

»Und Sie sind eben wie alle Frauen«, schrie Behrman. »Wer hat gesagt, dass ich nicht Modell sitzen will? Los! Ich komme mit. Seit einer Stunde versuche ich Ihnen zu erklären, dass ich bereit bin, Modell zu sitzen. Gott! Miß Johnsy ist viel zu schade, um an so einem Ort krank zu liegen. Eines Tages werde ich ein Meisterwerk malen, und dann werden wir hier alle wegziehen. Ach Gott, ja.«

Johnsy schlief, als sie heraufkamen. Sue zog den Fensterladen ganz zu und winkte Behrman, ihr in das andere Zimmer zu folgen. Von hier aus blickten sie ängstlich auf die Weinranke. Dann sahen sie sich einen Augenblick schweigend an. Draußen fiel ein kalter Dauerregen, mit

Schnee vermischt. Behrman in seinem alten, blauen Hemd setzte sich als einsamer Bergarbeiter auf einen umgestülpten Kessel, der einen Felsen darstellen sollte. Als Sue am nächsten Morgen nach einer Stunde Schlaf aufwachte, sah sie, wie Johnsy mit trüben, weit aufgerissenen Augen auf den zugezogenen grünen Rollladen starrte.
»Zieh auf; ich will sehen«, befahl sie flüsternd.
Angstvoll gehorchte Sue …
Aber da! Trotz des peitschenden Regens und der heftigen Windstöße während einer endlos scheinenden Nacht hob sich gegen die Ziegelmauer ein einzelnes Weinblatt ab. Es war das letzte an der Weinranke. Am Stängel war es noch immer grün, aber an den gezackten Rändern sah man schon das Gelb der Auflösung und Zerstörung, und es hing tapfer weiter sechs Meter über dem Boden an einem Zweig.
»Es ist das letzte«, sagte Johnsy. »Ich glaubte bestimmt, dass es während der Nacht herunterfallen würde. Ich habe den Wind gehört. Heute wird es abfallen, und in demselben Augenblick werde ich sterben.«
»Liebling!«, sagte Sue und beugte sich abgespannt über das Kissen. »Denk doch an mich, wenn du schon nicht an dich denken willst. Was soll ich ohne dich tun?«
Aber Johnsy gab keine Antwort.

Das Einsamste auf der Welt ist eine Seele, die sich auf die geheimnisvolle weite Reise vorbereitet. Die Einbildung beherrschte sie immer stärker, während eine Bindung nach der anderen an Freunde und an die Welt sich löste.

Der Tag ging vorüber, und noch im Zwielicht konnten sie gegen die Mauer das einzelne Blatt sehen, das sich an die Ranke klammerte. Mit der Nacht kam auch der Nordwind wieder, und der Regen schlug immer noch gegen die Fenster und plätscherte aus der flachen Dachrinne.

Als es hell genug war, verlangte Johnsy unbarmherzig, dass der Rollladen wieder hochgezogen werde. Das Weinblatt war immer noch da.

Johnsy schaute es lange Zeit schweigend an. Dann rief sie nach Sue, die ihre Hühnerbrühe auf dem Gasofen umrührte.

»Ich bin ein dummes Mädchen gewesen«, sagte Johnsy. »Irgend etwas hat dieses Blatt dort festgehalten, um mir zu zeigen, wie schlecht ich war. Es ist eine Sünde, sterben zu wollen. Du kannst mir jetzt etwas Brühe bringen, und Milch mit etwas Portwein – nein, bring mir zuerst einen Handspiegel und pack einige Kissen hinter meinen Rücken, damit ich dir beim Kochen zuschauen kann.«

Eine Stunde später sagte sie: »Sudie, eines Tages hoffe ich doch noch die Bucht von Neapel malen zu können.«

Am Nachmittag kam der Arzt, und Sue fand einen Vorwand, um mit ihm allein auf dem Korridor sprechen zu können.

»Es steht eins zu eins«, sagte der Arzt und ergriff Sues dünne, zitternde Hand. »Mit guter Pflege werden Sie gewinnen. Doch jetzt muss ich noch nach einem Patienten einen Stock tiefer schauen.

Behrmann ist sein Name – ich glaube, irgend so ein Künstler. Auch Lungenentzündung. Er ist ein alter, schwacher Mann, und der Anfall ist akut. Für ihn besteht keine Hoffnung; aber er wird heute ins Krankenhaus gebracht, um es bequemer zu haben.«

Am nächsten Tag sagte der Doktor zu Sue: »Sie ist außer Gefahr; Sie haben gewonnen. Gute Ernährung und Pflege – das ist alles.«

An diesem Nachmittag setzte sich Sue an das Bett zu Johnsy, die zufrieden an einem sehr blauen und sehr nutzlosen Schal strickte, und umarmte sie mitsamt den Kissen.

»Ich muss dir etwas sagen, meine blasse Maus«, sagte sie. »Mr. Behrman ist heute im Krankenhaus an Lungenentzündung gestorben. Er war nur zwei Tage krank. Der Hausmeister hat ihn am ersten Tage in seinem Zimmer hilflos vor Schmerzen vorgefunden. Seine Schuhe und Kleider waren völlig durchnässt und eiskalt. Sie konnten sich nicht vorstellen, wo er in einer solchen schrecklichen Nacht gewesen sein konnte. Dann fanden sie eine Laterne, die noch brannte, eine Leiter, die er benützt hatte, einige herumliegende Pinsel, eine Palette, auf der grüne und gelbe Farben gemischt waren und – Liebling, schau aus dem Fenster auf das letzte Weinblatt an der Mauer.

Hast du dich nicht gewundert, dass es nie flatterte oder sich im Wind bewegte? Oh, Liebling, das ist Behrmans Meisterwerk – er hat es in jener Nacht gemalt, als das letzte Blatt abfiel.«

Oktobernacht

EVA STRITTMATTER

Ich mache ein Gedicht,
Das aus Schweigen besteht.
Löscht meine Worte aus
Und seht: der Nebel geht
Über die Wiesen. Und droben
Der große Oktobermond.
Die Nacht ist von schreienden Hirschen
Und ihren Jägern bewohnt.
Die Nacht ist völlig windlos.
Keine Bewegung im All.
Bis auf die Birken mit ihrem
Lautlosen Blätterfall.

Herbst

JOACHIM RINGELNATZ

Der Herbst schert hurtig Berg und Tal
Mit kalter Schere ratzekahl.
Der Vogel reist nach warmer Ferne;
Wir alle folgten ihm so gerne.

Das Laub ist gelb und welk geworden,
Grün blieb nur Fichte noch und Tann'.
Huhu! Schon meldet sich im Norden
Der Winter mit dem Weihnachtsmann.

Herbst

HERMANN HESSE

Ein satter, leise glühender Oktobertag. An den Hügeln leuchteten die Weinberge goldgelb, die Wälder spielten in den kräftigen, bräunlich metallischen Farben der Laubwelke, in den Bauerngärten blühten Astern von allen Arten und Farben, weiße und violette, einfache und gefüllte. Es war eine Lust, durch die Dörfer zu schlendern. Ich tat es, Arm in Arm mit meinem damiligen Schatz, ein paar unvergessliche Tage lang.

Überall roch es nach reifen Trauben und jungem Wein. Jedermann war draußen beim Lesen oder Keltern; in den steilen Weinbergen sah man Männer in Hemdärmeln und Weiber und Mädchen in farbigen Röcken und weißen oder roten Kopftüchern arbeiten. Alte Leute saßen vor den Häusern, sonnten sich, rieben die braunen, runzligen Hände ineinander und lobten den schönen Herbst.

Freilich, in vergangenen Zeiten hatte es noch ganz andere Herbste gegeben! Man musste nur die Siebzigjährigen hören. Sie sprachen ernsthaft und belehrend von fabelhaften Jahrgängen, in denen der Wein so reichlich und so honigsüß gewesen sei, wie es heutzutage gar nimmer vorkomme. Man muss sie reden lassen, die Alten, und in der Stille die Hälfte davon abziehen. Wenn wir selber einmal siebzig und achtzig sind, werden wir, meine ich, vom heurigen Jahr gerade so reden. Wir werden es im unsäglich köstlichen Gold der unerreichbaren Ferne sehen und werden unsere Dankbarkeit und unser Altersleid und unser Jugendheimweh in unsre Erinnerungen mischen.

Wir beiden jungen Leute liefen lachend und staunend mit großen Augen in dem Glanze und der Fülle herum, sahen von Berghöhen jauchzend und schweigend in das reiche, grüne Elsass und auf den ruhig strömenden Rhein hinab und legten manchen Wiesenweg und manches gute Stück der ebenen Landstraßen Hand in Hand im Tanzschritte zurück. Ernteböller krachten hinter frisch geleerten Obstbäumen, Herbstjuchzer und lang gezogene Jodler tönten prächtig durch das fröhlich belebte Land.

Wir bekamen hier eine blaue Traube, dort eine gelbe geschenkt, hier einen Apfel und dort einen Hut voll Walnüsse, dazu führten wir das landesübliche, herb duftende Schwarzbrot im Rucksack bei uns, so dass wir abends in den Gasthäusern außer dem Wein und der Nachtherberge kaum noch eine Suppe oder eine Rauchwurst begehrten. Und unterwegs, im langsamen, bequemen Dahinwandern, sangen wir alle Lieder, die wir wussten, und von jedem alle Verse durch, lustige und traurige, und erzählten einander alle guten und alle dummen Geschichten, die uns einfallen wollten. Mein Mädchen ahmte im Übermute das drollige Elsässer Französisch nach, und ich hatte ein altes Büchlein Handwerksburschenlieder im Sack, aus dem ich an Rastorten gelegentlich ein wenig vorlas:

Zu Frankreich in Paris,
Wo ich mir meine Stiefel sohlen ließ,
Allda gibt's viel Freud,
Aber auch viel Leid,
Weil der Bruder Straubinger gestorben hat.

In der Nähe von Kolmar sahen wir am Wege einen vergnügten alten Mann sitzen, mit dem wir ins Gespräch gerieten. Er war im Weinberge draußen gewesen, wo sein Sohn und seine drei Enkelkinder die Lese besorgten; nun kehrte er zufrieden, mit langen Ruhepausen dazwischen, auf seinen alten Beinen durch den goldig glühenden Oktoberabend in sein Dorf und Haus zurück. Er war offenbar auf seine alten

Tage beredt und gesprächslustig geworden. Und wir Jungen hörten ihm gerne zu, denn er wusste vielerlei, er kannte die alten volkstümlichen Namen von Fluren, Wegen, Hügeln, Brücken, dazu eine Menge Geschichten, alte und neue, Sagenhaftes und Heutiges. Als ich ihn um sein Urteil über die diesjährige Ernte fragte, kniff er ein Auge ein und meinte:

»Nicht schlecht, Herr, gar nicht schlecht. Sogar ganz gut, möchte man sagen. Aber so ein Herbst, wie der vom Flieger einer war, ist's doch keiner.«

»Was ist das«, fragte ich, »der Flieger?«

»Kennen Sie die Geschichte nicht, Sie beide? Und die Fliegerkapelle am Ende auch nicht?«

»Nein. Was ist damit?«

»Gut denn. Also drüben, hinter dem nächsten Wingert dort, steht eine kleine alte Kapelle, die heißt man ›zum Flieger‹. Sie kommen vielleicht noch dort vorbei.«

»Ja, das wollen wir tun. Und die Geschichte?«

»Es ist halt so eine Sage, wissen Sie. Dort drüben sind schon in ganz alten Zeiten immer Weinberge gewesen. Und da war vor ein paar hundert Jahren ein Weingärtner, dem gehörte der Rebberg dort, wo jetzt die Kapelle steht. Selbiger war ein rechter Mann, fleißig und fromm, er zog die beste Traube in der ganzen Gegend und ging jeden Tag in seine Reben und besorgte jeden

Stock so treulich wie ein Vater seine Kinder. Es ging ihm auch gut, und er lebte rechtschaffen und in gutem Wohlstand. Es hieß auch, die heilige Muttergottes sei ihm besonders wohlgesinnt und habe immer extra ein Auge auf seinen Weinberg.

So trieb er es sein Leben lang und wurde allmählich alt, vielleicht so alt wie ich, wenn ich mich auch sonst ja nicht mit ihm vergleichen darf.

Und wie er ganz alt, aber noch bei Kräften war und alles Wingertgeschäft noch allein und ohne Hilfe tat, da kam einmal ein Jahr, das war so gut, wie zuvor und auch später nie mehr eins gewesen ist. Im Frühjahr keinen Frost, im Sommer keine Dürre, im Herbst Sonne genug und wenig Regen. Alles gedieh ganz wunderlich, aber am meisten die Reben, und am besten gediehen sie im Rebberg dieses alten Mannes.

Er tat auch redlich das Seinige dazu, war früh und spät im Geschirr und sparte keine Sorge und Mühe, bis jeden Tag alles richtig besorgt und in guter Ordnung war. Dabei sah er mit Erstaunen dem ungewöhnlichen Wachstum zu, wie mit jedem Monat Sonne und Regen und alle Witterung so ganz zur rechten Zeit da war und wie unter dem gesunden Laub die Beeren langsam groß wurden.

Im Herbst ging dann der alte Mann tagtäglich auf sei-

nem Grundstück von Rebe zu Rebe, die hingen voll von großen, vollkommenen Trauben, und keine einzige Beere fiel vor der Zeit vom Stiel oder wurde faul. Da betete er oft und dankte der heiligen Jungfrau, betrachtete seine Weinstöcke andächtig, und manchmal sagte er, bei seinen hohen Jahren wäre es ihm das Beste, in einem solchen Wunderherbst zu sterben, denn schöner werde er doch kein Jahr mehr sehen.
Das dauerte, bis die Trauben Farbe bekamen und dann allmählich anfingen, reif zu werden. Der Winzer wartete fröhlich und geduldig die volle Reife ab, vorher pflückte er nicht ein Beerlein weg. Aber wie es dann so weit war und jedermann in die erste Lese ging, da stieg er in seinen Weinberg hinauf, beschwerlich und langsam, mit der großen Butte auf dem Rücken. Und droben nahm er zuerst seine Kappe ab und dankte Gott und der Jungfrau.
Dann suchte er sich freudig den vollsten Rebstock und an dem die schwerste und reifste Traube aus. Die schnitt bedächtig ab und hob sie ins Licht. Alsdann brach er eine große, goldige Beere heraus und kostete sie.
Sie schmeckte so süß und feurig, wie ihm in seinem langen Leben keine geschmeckt hatte, und als ihn diese Süßigkeit durchdrang, hob eine geheimnisvolle

Freudenkraft den Alten in die Lüfte. Er schwebte hinan, war im Luftreiche verschwunden und wurde nie mehr gesehen. An der derselben Stelle hat man jene Kapelle erbaut, und so heißt sie ›zum Flieger‹.«

Wir nahmen dankend Abschied und gingen weiter, der Herbstgeschichte nachdenkend. Nach einer Stunde, im letzten milden Abendfeuer, erreichten wir die Kapelle, standen umschauend davor und legten vor dem Weitergehen ein paar Blumen auf die Schwelle hin.

Wir sagten nichts, aber im Herzen dachten wir beide an den Flieger und taten den heimlichen Wunsch um ein so reines, köstliches Leben und um einen so süßen, leichten, gottgeschenkten Tod.

Heimkehr

JOSEPH ROTH

In der ganzen Nachbarschaft sind plötzlich die Gardinen von den Fenstern verschwunden, und ich freue mich ob der sichtbar gewordenen Heimlichkeiten der vielen fremden Menschen, die mich gar nichts angehen und meine Nachbarn sind.

Über Nacht müssen sie gekommen sein, wie Zugvögel, deren Anwesenheit immer überraschend ist; Zugnachbarn sozusagen. Eines Morgens erwachte hinter der Tapetenwand, an der ich schlafe, eine Melodie, verworren noch und schläfrig, als wäre sie mit dem linken Fuß aus dem Klavier gestiegen. Es war eine Übungsmelodie, und ich erkannte die vertraute musikalische Frühandacht einer Heimgekehrten.

Seit jenem Morgen weiß ich, dass Fräulein Trude wieder da ist, und ich gestehe, dass mich ihre Anwesenheit beruhigt. Es ist gesund, zu wissen, dass sich in unserer näheren Umgebung keine aufregenden Ereignisse vollziehen, und insbesondere keine Umwälzung. Wie leicht kommt es zum Beispiel in den Bergen vor, dass jemand abstürzt oder sich verlobt!

Ich danke Gott, dass nichts dergleichen geschehen ist … Gegenüber in der ersten Etage ist auch die blonde Frau wieder am Fenster zu sehen. Frauen am Fenster sind immer anziehend, es ist, als würden sie jemanden erwarten – und wer kann wissen, ob sie nicht *mich* erwarten? Sie sehen aus wie Gefangene, und ich darf mir einbilden, dass ich sie vielleicht, ja wahrscheinlich befreien werde. Ich liebe Frauen am Fenster, und insbesondere die blonden.

Aber eigentlich liebe ich den Oktober, einen Monat, in dem die Gewohnheiten und Gewöhnlichkeiten wiederkehren, einen herrlichen Monat, gesetzt und ohne Phantastik. Ich weiß, dass ich im Oktober niemanden befreien werde, und erkenne die realen Grundlagen der Welt und meines Lebens.

Ich liebe die Distanz von Fenster zu Fenster, weil sie die Erfüllung unseliger Möglichkeiten ausschließt. Ich bin überhaupt sozusagen ein Distanzliebhaber.

Hinter den geschlossenen Gardinen der fremden Fenster konnte Unglaubliches geschehen. Gespensterwandel oder Einbruch oder verschwiegene Orgie. Es war unheimlich, geschlossene Fenster zu sehen; wie ein Anblick gehender, aber zeigerloser Uhren oder die Gesellschaft eines Taubstummen. Nun ist es mir bewusst, dass nichts geschehen ist. Rote Kissen und

weiße Bettlaken über fremden Fensterbrettern sind sehnsüchtigen Augen ein Labsal.
Jeden Morgen geht der Beamte wieder seinen Weg ins Büro. Er hat nicht einmal seinen Stock in der Sommerfrische vergessen, wo man doch derlei zu vergessen pflegt. Im Gegenteil: er klopft mit seinem Spazierstock auf die Pflastersteine, als wären es große Zuckerwürfel und als hätte er die Gewissheit, dass sie eines Tages ganz selbstverständlich auseinanderfallen werden. Die alte Dame mit dem Kapotthütchen, auf dem immer ein paar zerdrückte Glastrauben klimpern, trippelt wieder über die Straße. Wie leicht hätte ein Windstoß, wie er in Kurorten so häufig aufzutreten pflegt, ein klimperndes Glasträubchen aus der Gesellschaft der übrigen reißen und entführen können – hui, weit in einen schwäneberuderten Teich! Aber nichts dergleichen! Ein zufälliger Spiegel in einem Wartesaal zweiter Klasse, oder ein gutmütiger alter Herr hätte der Frau leicht sagen können, dass sie ihren Hut hartnäckig schief aufsetzt und dass das Leben keine Maskerade ist. Haben die Windstöße aufgehört? Sind in den Wartesälen die Spiegel abgeschafft? Haben die alten Herren aufgehört, gutmütig und hilfreich zu sein?
Ich kann auch nicht finden, dass Fritz gewachsen wäre. Unlängst ging er mit seiner Mutter und wollte ein

Reißbrett haben. Seine Mutter aber fragte mich, ohne an Reißbretter nur zu denken, ob ich nicht sehe, wie groß Fritz in den paar Wochen geworden sei. Ich sagte selbstverständlich ja, aber ich log. Fritz wird wohl immer klein sein, ein Liliputaner vielleicht und im besten Fall ein überaus kurzstieliger Mensch. Und er hätte doch wirklich wachsen können! Was haben denn Kinder sonst in den Ferien zu tun?

Seit Jahr und Tag kommt der Herr mit dem grauen Plüschhut um dreiviertel zwölf nach Hause. Er war zwei lange, unerhört lange Monate fort, aber er kommt immer nach dreiviertel zwölf nach Hause. Es ist nichts veränderlich in der Welt, und das oberste ihrer Gesetze ist das Gesetz der Trägheit.

Wie aprilhaft schienen mir Mensch und Ding noch im Juni, ehe jene Fenstergardinen sich schlossen. Ich erwartete, dass der Herr mit Plüschhut schon um sechs Uhr, möglichst vor Sonnenuntergang, zu Hause sein würde; dass Fritz, ein Dutzend Reißbretter unter dem Arm, lang wie ein Laternenpfahl, über die Straße stochern würde; dass ein mächtiger Sturm alle Glastrauben der alten Dame weit über fremde Lande getragen, in blaue Seen geworfen hätte und dass sie jetzt im Begriff seien, über den großen Ozean zu schwimmen. Und ganz im Stillen hoffte ich, dass etwas passieren

würde mit der blonden Frau am Fenster. So viele schöne Männer wandern im Sommer durch die Welt und halten Auslug nach wartenden Frauen. Wozu hat uns der liebe Gott den Sommer geschenkt?
Es ist gar nicht beruhigend im Oktober. Das Laub fällt mit einer unglaublichen Sicherheit von den Bäumen – und man könnte glauben, dass es ein gewöhnlicher Herbst ist, ein Oktober, in dem sich die Welt auf ihre Nüchternheit besinnt. Aber mir bleiben die Menschen verdächtig. Wo waren sie? Was trieben sie? Seltsame Gefahren haben sie vielleicht erlebt, und ich teile nur ihre Wochentäglichkeiten. Die blonde Frau am Fenster verschweigt mir etwas. Manchmal glaube ich einen fremden Schimmer um die alte Frau mit dem Kapotthütchen spielen zu sehen, und – irre ich nicht – mengt sich eine seltsame Melodie in das Geklimper ihrer Glastrauben. Und vielleicht ist Fritz gewachsen?

Theodor Storm

OKTOBERLIED

Der Nebel steigt, es fällt das Laub;
Schenk ein den Wein, den holden!
Wir wollen uns den grauen Tag
Vergolden, ja vergolden.

Und geht es draußen noch so toll,
Unchristlich oder christlich,
Ist doch die Welt, die schöne Welt,
So gänzlich unverwüstlich!

Und wimmert auch einmal das Herz, –
Stoß an, und lass es klingen!
Wir wissen's doch, ein rechtes Herz
Ist gar nicht umzubringen.

Der Nebel steigt, es fällt das Laub;
Schenk ein den Wein, den holden!
Wir wollen uns den grauen Tag
Vergolden, ja vergolden!

Wohl ist es Herbst; doch warte nur,
Doch warte nur ein Weilchen!
Der Frühling kommt, der Himmel lacht,
Es steht die Welt in Veilchen.

Die blauen Tage brechen an;
Und ehe sie verfließen,
Wir wollen sie, mein wackrer Freund,
Genießen, ja genießen!

November

Alles fügt sich und erfüllt sich,
musst es nur erwarten können

und dem Werden deines Glückes
Jahr und Felder reichlich gönnen.
Bis du eines Tages jenen
reifen Duft der Körner spürest.

Novembertag

CHRISTIAN MORGENSTERN

Nebel hängt wie Rauch ums Haus,
drängt die Welt nach innen;
ohne Not geht niemand aus;
alles fällt in Sinnen.

Leiser wird die Hand, der Mund,
stiller die Gebärde.
Heimlich, wie auf Meeresgrund,
träumen Mensch und Erde.

November

CURT GROTTEWITZ

Der Himmel war mit einer gleichfarbig grauen Wolkendecke behängt. Die Sonne war unsichtbar und nicht der leiseste Schein von Helligkeit verriet ihren Stand. Es herrschte ein bleiernes trübes Wetter und die Luft war rauh und ein wenig feucht. Herrn Tanzmanns Ohren wurden rot, er rieb sie aber von Zeit zu Zeit, so dass das Blut in ihnen in Bewegung kam und der Kälte von außen eine um so größere Wärme von innen entgegensetzte. Herr Tanzmann marschierte ganz unwillkürlich etwas schneller als gewöhnlich.

Der Weg führte durch eine lang gestreckte Ortschaft, die jetzt, wo die Bäume ihres Blätterschmucks beraubt waren, einen recht ärmlichen Eindruck machte. Die kleinen Dorfhäuser und die strohgedeckten Scheunen lagen unfreundlich da in der düsteren Umrahmung schwarzer Bäume, deren kahle Zweige sich in vielgliedriger Verästelung in die trübe Luft ausbreiteten. Die Gärten waren bedeckt mit buntfarbigem Laube, man konnte noch ganz gut die orangeroten Blätter

der Sauerkirschen von den gelben und grünlichen der übrigen Obstbäume unterscheiden. Auch der schmutzige Dorfweg mit seinen nassen Rinnen von Wagengeleisen war hier und da mit einem bunten Teppich von Laub bedeckt. Hier herrschten die verschrumpften grünlichen Fiedern der Akazien und die braunen Blätter der Kastanien vor. Herrn Tanzmanns Fuß raschelte durch das aufgehäufte Laub, so dass er eine Schar Spatzen aufscheuchte, die in einer Bocksdornhecke gesessen hatten und nun in das leere Geäst eines krummen Pflaumenbaumes flogen. An derselben Hecke schlich sich eine Katze auf leisen Sohlen hin, sie hatte es ohne Zweifel auf eine der kleinen Kohlmeisen abgesehen, die in dem Dornengestrüpp ein ziemlich sicheres Versteck hatten. In der Nähe des Gasthofes bildete das Regenwasser einen kleinen Tümpel, der von einem Volk Gänsen als Badeplatz benutzt wurde. Hier erweiterte sich die Dorfstraße zu einem Platz, in dessen Mitte eine »Friedenseiche« sowohl wegen ihrer diebessicheren Umzäunung als auch wegen ihres dichten erdbraunen Laubes in die Augen fiel.
Die Dorfbewohner hatten sich bereits auf die Winterkälte vorbereitet. Die Brunnenrohre waren mit Stroh umwickelt und um die Grundmauern der Häuser lag ein dicker Wall von welkem Kartoffelkraut, der

die Kellerfenster verhüllte und den Frost von den Wohnungen abhalten sollte. Aus den Schornsteinen der kleinen einstöckigen Wohnhäuser drangen schwarze Rauchwolken, deren anheimelnden Torfgeruch Herr Tanzmann mit Wohlgefallen aufnahm. Der Rauch zerteilte sich und schwebte zum Erdboden herab, die Luft war zu stark mit Wasserdampf erfüllt, als dass er in ihr hätte emporsteigen können. Sie war so trüb, dass den ganzen Tag über eine unveränderliche fahle Dämmerung herrschte. Die hellsten Farben erschienen Herrn Tanzmann heute matt, selbst die milchweißen Fruchtkügelchen, mit denen die Schneebeerensträucher eines Bauerngartens behängt waren, konnten heute keine Kontrastwirkung mit ihrer Umgebung hervorrufen.

Es steckt etwas verdammt Trübes in so einem Novembertage! sagte der Wanderer zu sich. Es ist weder der farbenbunte milde Herbst noch der markige robuste Winter. Es ist keine Melancholie und keine Strenge, der November hat etwas Schleichendes, Finsteres, er ist rauh und unwirsch und unendlich trüb wie der Tod!

Herr Tanzmann verließ das Dorf und wanderte auf ebenem, sandigem Wege dahin, dessen Seiten durch Reihen von Hängebirken bezeichnet waren. Die dünnen Zweige der Bäume fielen malerisch wie Haarsträhne von den Ästen herab, und während diese und der Stamm mit schneeweißer Rinde bedeckt waren, hatten die Zweige einen blassen karminroten Schein. Die Gegend war ziemlich unfruchtbar, es waren sehr sandige Äcker, die zum Teil die grauen Überreste der Lupinen trugen. Ein Teil lag auch vollständig brach und war bedeckt mit den rotangelaufenen Rosetten des Reiherschnabels, der auch jetzt noch nicht müde geworden war, seine kleinen rosaroten Blüten emporzuschicken. Wenige Äcker waren auch mit Roggen besäet, der, obwohl schlecht aufgegangen, doch bereits schöne grüne Flächen bildete. Trotzdem blieb die Gegend armselig, wer hier den Acker bebaute, der mochte wenig Freude an ihm haben. Von Zeit zu Zeit tauchten einige Krähen auf, deren heiseres Schreien die Luft durchdrang. Bisweilen ließ sich eine auf dem Ackerlande nieder und watschelte ziemlich unbeholfen und langsam über den Boden hin. Bedeutend flinker waren die niedlichen Haubenlerchen, die wenige Schritte vor Herrn Tanzmann quer über den Weg trippelten. Sie rannten mit ihren kurzen Beinchen so geschwind, dass man sie nur in schnellem Laufe eingeholt hätte. Sie erregten sogar den Neid des Herrn Tanzmann, der sich auf seinen schnellen Schritt etwas einbildete und

mit dem niemand auf die Dauer gehen konnte, ohne sich die Schwindsucht anzulaufen.
Im Weitergehen hatte der Wanderer die immerhin seltene Gelegenheit, einen lebenden Maulwurf zu beobachten. Es war nicht recht ersichtlich, wieso das lichtscheue Tier an die Oberfläche der Erde gelangt war. Möglicherweise hatte es den finsteren Tag für eine Fortsetzung der Nacht angesehen. Jedenfalls bemerkte es Herr Tanzmann, als es gerade im Begriffe war, sich wieder in die Erde einzuwühlen. Es schob sich scharrend so schnell hinab in den Sand, daß es im Nu verschwunden war. Herr Tanzmann jedoch war rasch am Werk, er spießte seinen Spazierstock an der Stelle, wo das Tier wühlen mochte, in die Erde, bog ihn zur Seite und grub den Maulwurf auf diese Weise wieder aus. Dieser war jedoch mit der neuen Situation keineswegs zufrieden, sondern trachtete augenblicklich danach, sich wieder in die Erde hinein zu wühlen. Mit seinen Vorderbeinen, die zu kurzen breiten Grabschaufeln umgestaltet waren, mit dem spitzen Rüssel, dem kurzen halslosen Kopf bohrte sich der Maulwurf wie ein Keil in den Boden. Herr Tanzmann sah dem Treiben des schwarzen Tieres mit Interesse zu.
Das ist auch so ein alter Wühler, dachte er, den sie überall mit blinder Wut verfolgen. Wie soll er denn

den Boden von Ungeziefer säubern, wenn er ihn nicht hier und da unterminiert? Aber sie haben immer den Wühler gehasst wegen der paar unschuldigen Zerstörungen, die er anstiftet; dass aber ihre ganze Saat und Ernte ohne ihn von Engerlingen, Schnecken und anderem Geschmeiß vernichtet würde, das vergessen sie ihm, die Undankbaren.

Von neuem grub er den Maulwurf aus der Erde heraus, aber es war unmöglich, ihm eine nach oben gerichtete Gesinnung beizubringen. Sofort strebte er mit der Hartnäckigkeit des Fanatikers danach, seine Wühlarbeit fortzusetzen. Er dachte gar nicht daran, wegzulaufen oder kraftlos den Widerstand aufzugeben, sondern streckte sofort den Rüssel und die Grabfüße scharrend in den Boden. Herr Tanzmann grub ihn dreizehn Mal wieder aus und dreizehn Mal bohrte sich das Tier mit derselben Ausdauer in den Sand. Das Merkwürdige dabei war, dass sein schwarzes samtenes Fell bei diesen Prozeduren nicht den geringsten Schmutzfleck zeigte. Äußerlich und innerlich unantastbar ging der Maulwurf aus dieser strengen Prüfung hervor. Herr Tanzmann zog den Hut vor ihm – freilich nicht tief, weil es kalt war – und ging zufrieden weiter. Der Birkenweg führte an einer ziemlich kreisrunden Erdvertiefung vorüber, die, plötzlich mitten in der

Landgegend, den Eindruck eines künstlich gegrabenen Kessels machte. Sie mochte wohl etwa dreißig Meter im Durchmesser haben, und da ihre Ränder ringsherum dicht mit Bäumen bestanden waren, so war sie schon von weitem bemerkbar gewesen. Jetzt sah Herr Tanzmann, dass dieser Kessel einen märkischen »Puhl« darstellte, einen kleinen Sumpf, der, von steilen Wänden eingefasst und etwa drei Meter unter dem Ackerland gelegen, mit Sumpfgewächsen überzogen war, mit gelbgrünem Sumpfmoos und immergrüner Andromeda und Torfbeere. Direkt am Ufer wucherten Erlen und Faulbaum, während weiter oben auf trocknerem Sande Haselsträucher, Ebereschen, Weißdorn und Espen wuchsen. Auch ein paar Spindelbaumbüsche standen da und gewährten mit ihren karmesinroten geöffneten Samenkapseln, aus denen die dottergelben Körner hervorleuchteten, einen effektvollen Anblick. Wie kam aber diese Erdsenkung überhaupt in diese ebene Gegend? Künstlich angelegt konnte der Kessel nicht sein, als Lehmgrube war er zu groß und zu gleichmäßig, und was sollte er sonst für einen Zweck haben? Es mochte also wohl eine jener Spuren der Eiszeit sein, ein »Riesentopf«, wie ihn das Gletschereis der Alpen in den Boden bohrt und wie es jene vorzeitlichen Eismassen ebenfalls getan haben mögen.

Das heißt, sagte der Wanderer zu sich, wir waren nicht dabei, Herr Tanzmann, als das geschah, und die Gelehrten auch nicht. Aber möglich ist es schon, und so lange wir keine andere Erklärung haben, müssen Sie sich eben damit bescheiden, Herr Tanzmann.

Damit verließ er den Sumpf und ging auf dem Birkenwege weiter. Nach einiger Zeit verloren sich die Bäume, und der Weg wurde breiter und noch sandiger als zuvor. Der Boden nahm immer mehr den Charakter der Steppe an. Hier hatte kein Pflug mehr das Erdreich umgestürzt, hier wäre jede Aussaat verloren gewesen. Auf dem dürren, mit kleinen Kieseln durchsetzten Lande standen die Reste einer armseligen Steppenvegetation. Die leeren, kurzen Halme des Keulengrannengrases gaben dem Boden einen schmutzig gelben Überzug. Und so weit das Auge des Wanderers an diesem trüben Tage reichte, so weit war diese trostlose dürre Steppe ausgebreitet. Hier und da stand ein einzelner verkrüppelter und zwerghafter Kiefernbusch, der wie ein düsterer Schatten über diesem öden Lande zu lagern schien. Weiterhin wurde die Bodendecke ganz und gar schwarz, ein steinkohlenfarbenes Schwarz, das von einem dürren Moos herrührte. Wie ausgebrannt erschien die ganze Oberfläche des Landes, so düster und traurig, als ob hier die Natur ein Bild hoffnungsloser Verlassenheit hätte malen wollen. Diese schwarze Wüste war von einem fast unpassierbaren Sandwege durchschnitten, es war einer jener unglücklichen Wege, die sich wider den Willen der Passanten bilden. Jeder suchte ihm zu entfliehen, indem er möglichst am Rande auf dem Moose ging, aber weil nun jeder auf die Ränder trat, waren auch diese bald abgelaufen und der lockere tiefe Sand kam hervor, in dem das Fortkommen eine fürchterliche Anstrengung war. Und so mieden die neuen Passanten immer wieder den Sand und gingen an den neuen Rändern hin, und so wurde der Weg breiter und breiter. In der Mitte freilich, in der keines Menschen Schritt mehr, selbst kein Wagen mehr den Boden bewegte, siedelte sich von neuem das Moos an. Dadurch entstanden parallele Wege, und jeder einzelne hatte wieder dasselbe Schicksal. Und so bildete diese Straße ein verwickeltes System von Wegen mit allerhand Verzweigungen, Verschmälerungen und Verbreiterungen. Herr Tanzmann vergegenwärtigte sich im Geiste die Geschichte dieses Weges. So lange Menschen diese unwirtliche Steppe durchlaufen und durchfahren mussten, mochte dieser Kampf herrschen mit dem Wege, der anderwärts ein Freund des Menschen, hier seine Last und sein Fluch war. Aber diese unglückliche Sandstraße stimmte ganz zu der einförmigen traurigen Landschaft, zu der schwarzen Steppe, die an dem rauhen, trüben Novembertag trostloser war denn je. Herr Tanzmann wanderte nachdenklich über das dürre Moos. Der Tag wurde immer trüber. Schon jetzt gegen vier Uhr kam die Abenddämmerung. Und es dauerte nicht lange, so breitete sich das Dunkel der Nacht über die schwarze Steppe.

Lied

EVA STRITTMATTER

Die letzte Sonne des Jahres.
Der letzte Schmetterling.
Violett blüht die letzte Distel,
Da wo ich gehe und ging
Im Vorjahr und all die Jahre
Vor diesem letzten Jahr.
Wieder die Abschiedsvorstellung.
Was ist, was wird und war,
Verschwimmt in eines. Verändert
Bin vielleicht nur ich.
Und eines Herbstes septembert
Es ohne mich.
Die letzte Sonne des Jahres.
Der letzte Schmetterling.
Violett blüht die letzte Distel,
Da wo ich gehe und ging.

Neue Erfindung

MATTHIAS CLAUDIUS

Hab' eine neue Erfindung gemacht, Andres, und soll dir hier so warm mitgeteilt werden. Du weißt, dass in jeder gut eingerichteten Haushaltung kein Festtag ungefeiert gelassen wird, und daß ein Hausvater zulangt, wenn er auf eine gute Art und mit einigem Schein des Rechtes einen neuen an sich bringen kann. So haben wir beide, außer den respektiven Geburts- und Namenstagen, schon verschiedene andre Festtage an unsern Höfen eingeführt, als das Knospenfest, den Widderschein, den Maimorgen, den Grünzüngel, wenn die ersten jungen Erbsen und Bohnen gepflückt und zu Tisch gebracht werden sollen, und so weiter.

Nun ist wohl wahr, dass der Sommer und sonderlich das Frühjahr viel schön sind. Gleich wenn der Winterschnee auftauet und man den bloßen Leib der Erde zum erstenmal wiedersieht, fängt diese Viel-Schönheit an und geht denn immer mit größern Schritten fort, bis Blumen und Blätter aufgeblühet sind und der Mensch vor dem vollen Frühling steht, wie Gleims

Kind vor einem schönen Blumenkorb. Und gewiss lehret uns der Frühling Gott und seine Güte sonderlich; denn, wie Freund Fritz sagt, was so zu Herzen geht, muss aus irgendeinem Herzen kommen. Und also sind die Frühlings- und Sommerfesttage gar sehr am rechten Ort, ich habe nichts dawider. Es ist mir aber doch immer schon vorgekommen, dass im Herbst und Winter auch was zu machen wäre, nur habe ich die Sache noch nie recht ins Klare bringen können.

Gestern aber, wie das mit den Erfindungen ist: man findet sie nicht, sondern sie finden uns, gestern als ich im Garten gehe und an nichts weniger denke, schießen mir mit einmal zwei neue Festtage aufs Herz, der Herbstling und der Eiszäpfel, beide gar erfreulich und nützlich zu feiern.

Der Herbstling ist nur kurz und wird mit Bratäpfeln gefeiert. Nämlich: wenn im Herbst der erste Schnee fällt, und darauf muss genau achtgegeben werden, nimmt man so viel Äpfel, als Kinder und Personen im Hause sind, und noch einige darüber, damit, wenn etwa ein Dritter dazukäme, keiner an seiner *quota* gekürzt werde, tut sie in den Ofen, wartet bis sie gebraten sind, und isst sie denn.

So simpel das Ding anzusehen ist, so gut nimmt sich's aus, wenn's recht gemacht wird. Dass dabei allerhand

vernünftige Diskurse geführt, auch oft in den Ofen hineingekuckt werden muss etc., versteht sich von selbst.
Und soviel vom Herbstling.
Der Eiszäpfel will nun wieder ganz anders traktiert sein und hat seine ganz besondre Nücken. Mancher denkt wohl: wenn er Eiszapfen am Dache sieht, könne er nur gleich anfangen zu feiern; aber weit gefehlt, es wird mehr dazu erfordert. Der Eiszäpfel kann durchaus ohne einen Schneemann nicht gefeiert werden, und dazu muss erst Schnee sein und Tauwetter kommen, dass der Schneemann gemacht werden kann, und wenn er gemacht ist und vor dem Fenster steht, muss es wieder frieren, dass Eiszapfen am Dach werden, einer halben Elle lang, nicht länger und nicht kürzer usw. Das sind die Präliminarartikel und die *conditio sine qua non.*
Was sagst du nun? Gelte, das ist 'n intrikates Fest! Es geht auch mancher Winter darüber hin, ohne dass eins zustande kommen kann. Wenn nun aber obige Umstände alle eingetreten sind und sonst kein merkliches Hindernis im Wege ist, so kannst du denn zwischen drei und vier Uhr nachmittags das Fest angehen lassen, das NB von Anfang bis zu Ende mit trockenem Munde gefeiert wird. Nach vier, wenn's dunkel ge-

worden ist, wird eine Laterne in den hohlen Kopf des Schneemannes getan, dass das Licht durch die Augen und den Mund herausscheint – und denn geht groß und klein auf und ab im Zimmer und sieht aus dem Fenster unter den Eiszapfen hin nach dem Schneemann und denkt dabei an einen andern Schneemann, ein jeder, nach dem ihm der Schnabel gewachsen ist, und das ist der höchste Moment der Feier.

Lebe wohl, lieber Andres, und feire fleißig alle Festtage und heilige Abende, bis der rechte Heilige Abend anbricht.

Dein etc.

Mondnacht

JOSEPH VON EICHENDORFF

Es war, als hätt' der Himmel
Die Erde still geküsst,
Dass sie im Blütenschimmer
Von ihm nun träumen müsst.

Die Luft ging durch die Felder,
Die Ähren wogten sacht,
Es rauschten leis die Wälder,
So sternklar war die Nacht.

Und meine Seele spannte
Weit ihre Flügel aus,
Flog durch die stillen Lande,
Als flöge sie nach Haus.

Schillerpark

JOSEPH ROTH

Der Schillerpark eröffnet sich unvermutet im Norden der Stadt, eine überraschende Kostbarkeit hinter dem Alltag nördlicher Schultheiße und Patzenhofer: ein Park im Exil. Er sieht aus, als wäre er einmal im Westen gewesen und als hätte man ihm, anlässlich seiner Verbannung, seinen Schmuckteich genommen und die Edelschwäne und das Wetterhäuschen mit Barometer und Sonnenuhr.

Geblieben sind ihm die Trauerweiden und sein Gefolge, die Parkwächter. Das sind schweigsame und wahrscheinlich wertvolle Menschen, weil sie keinen Seelen verderbenden Beruf haben. Sie sind die einzige harmlose Polizei in dieser Welt, von Gott und dem Magistrat eingesetzte Warnungstafeln, die vor Langerweile plötzlich ihren Standort verließen und in den Alleen auf und ab zu wandern anfingen. Auf ihren Gesichtern steht die verwitterte Inschrift: Bürger, schützet eure Anlagen – und die Weidenruten, die sie in Händen halten, sind gewissermaßen wedelnde und sanfte Rufzeichen. Die Parkwächter sind übrigens die

einzigen Lebewesen, die befugt sind, den Rasen zu zertreten.
Ich wüsste gerne, was die Parkwächter im Winter tun. Undenkbar fast, dass sie jemals den Park verlassen und in einer Küchenwohnung hausen mit Weib und Kindern. Sie hüllen sich vielleicht in Stroh und Lappen, und die Vorübergehenden halten sie für Rosenstöcke, Faune aus Marmor oder erzene Brunnenengel. Oder sie graben sich für den Winter ein und ersprießen dann im Lenz mit den Primeln und den ersten Veilchen. Dass sie sich von Hagebutten nähren wie Waldwesen, habe ich selbst gesehen. Wenn man sie fragt, besinnen sie sich lange, ehe sie eine Antwort geben. Es ist immer ein Stück Einsamkeit um sie, wie um Totengräber und Leuchtturmwärter …
Die Menschen, die in der Gegend des Schillerparks leben, müssen an jedem Vormittag arbeiten. Deshalb ist der Schillerpark genauso menschenleer, wie wenn es verboten wäre, ihn zu betreten. Nur selten tropft ein Arbeitsloser durchs Gehege. Und zwei Mädchen, siebzehnjährig und naturbeflissen, wandeln durch seine Allee. Das sieht aus, als vermöchten Birken plötzlich zu wandern. Die wirklichen Birken aber sind festgewurzelt und dürfen sich nur in den Hüften wiegen. Die Kinder kommen um drei Uhr nachmittags mit

Schaufeln, Spaten und Müttern. Sie legen die Mütter auf den breiten, weißen Bänken ab und trippeln zum Sandplatz.
Den Sand hat der liebe Gott eigens für die Kinder erfunden, auf dass sie in weiser Ahnungslosigkeit des Spiels Zweck und Ziel irdischer Tätigkeit versinnbildlichen. Sie schaufeln den Sand einer Stelle in einen Blecheimer, schleppen ihn an eine andere Stelle und schütten ihn hier aus. Dann kommen andere Kinder und schaufeln den aufgehäuften Sand wieder dorthin, woher er stammte.
Und das ist das Leben.

Die Trauerweiden dagegen erinnern an den Tod.
Sie sind ein bisschen willkürlich und übertrieben, immer noch grün inmitten herbstlichen Farbentohuwabohus, und sie haben ein menschliches Pathos. Die Trauerweiden hat Gott nicht von Anbeginn erschaffen, wie Haselsträucher etwa und Apfelbäume, sondern nachdem er sich entschlossen hatte, die Menschen sterben zu lassen. Sie sind gewissermaßen sekundäre Baumerscheinungen, Flora mit Intellekt und Bewusstsein für Zeremonielles.
Auch im Schillerpark fällt das Laub herbstgemäß von den Bäumen, aber es bleibt nicht liegen. Im Tiergar-

ten zum Beispiel darf ein wehmütiger Wanderer im Laub geradezu waten. Das verursacht ein poetisches Rascheln und macht die Seele schwer. Im Schillerpark aber sammeln die Weddingmenschen jeden Abend das Laub und trocknen es und heizen damit im Winter. Das Rascheln ist ein Luxus; als wäre Poesie ohne Zentralheizung naturwidrig.

Die Hagebutten sehen aus wie kleine, rote Likörfläschchen zu Reklamezwecken. Sie fallen ganz umsonst von den Bäumen und werden von den Kindern gesammelt. Die Parkwächter sehen solchem Gehaben ruhig zu. Man hat Vertrauen zu dem Herrn, der die Wächter auf dem Felde speist und mit Magistratskappen kleidet.

Herbst auf der ganzen Linie

ERICH KÄSTNER

Nun gibt der Herbst dem Wind die Sporen.
Die bunten Laubgardinen wehn.
Die Straßen ähneln Korridoren,
in denen Türen offenstehn.

Das Jahr vergeht in Monatsraten.
Es ist schon wieder fast vorbei.
Und was man tut, sind selten Taten.
Das, was man tut, ist Tuerei.

Es ist, als ob die Sonne scheine.
Sie lässt uns kalt. Sie scheint zum Schein.
Man nimmt den Magen an die Leine.
Er knurrt. Er will gefüttert sein.

Das Laub verschießt, wird immer gelber,
nimmt Abschied vom Geäst und sinkt.
Die Erde dreht sich um sich selber.
Man merkt es deutlich, wenn man trinkt.

Wird man denn wirklich nur geboren,
um wie die Jahre zu vergehn?
Die Straßen ähneln Korridoren,
in denen Türen offenstehn.

Die Stunden machen ihre Runde.
Wir folgen ihnen Schritt für Schritt.
Und gehen langsam vor die Hunde.
Man führt uns hin. Wir laufen mit.

Man grüßt die Welt mit kalten Mienen.
Das Lächeln ist nicht ernst gemeint.
Es wehen bunte Laubgardinen.
Nun regnet's gar. Der Himmel weint.

Man ist allein und wird es bleiben.
Ruth ist verreist, und der Verkehr
beschränkt sich bloß aufs Briefeschreiben.
Die Liebe ist schon lange her!

Das Spiel ist ganz und gar verloren.
Und dennoch wird es weitergehn.
Die Straßen ähneln Korridoren,
in denen Türen offenstehn.

Kastanienblatt

GABRIELE WOHMANN

Herbst. Durch Frühlingslisten in den Wald gelockt und weiter gelockt ohne Umweg und Ausweg hinein in den Sommer, wie rasch verpatzt. Wie rasch Herbst. Erinnere dich. Auch Blätter kommen auf die Scheiterhaufen des Septembers. Lichteffekte haben genasführt, haben immer und immer wieder glauben gemacht, dass was einträfe, dass was zustande käme, aber was. Aber wodurch denn, lieber Himmel, ich frage. Hellgrün wird Deftiggrün und wird dieses komische Braun, immer noch zu nichts entschlossen, immer noch auf den Ast gespießt. Wind, der aufkommen wird, Regen, der fallen wird, Frost, der ein Ende machen wird. Bedenke, Blatt, das Ende. Immer wie immer, kein Grund zur Beunruhigung, was dieses Blatt und was die andern Blätter angeht, die samt und sonders gutmütigen, birnförmigen, kindsköpfigen, eigensinnigen, die gegen Vergeblichkeiten abgehärteten. Der heute frisch und rot, kann morgen und geschwinder, drum bilde dir o Sünder, ein täglich Sterben ein. Auch du, mein liebes Blatt,

Laub und Unterholz desgleichen. Geschwinder und immer geschwinder. Aber schön war's, stimmt's? Aber was. Aber wozu. War das nötig. Musste das sein. War je was nötiger: Nische zwischen Zweig und Ast, erinnert sich etwa dein Finger nicht, das Läppchen Haut mit glänzendem Gedächtnis, lang her, lang genug, wer war drauf aus. Nein und ja zu jeder wiederkehrenden Einzelheit, Rippen, Spreiten, Nerven. Kopf in den Sand schützt vor nichts, Geringfügigkeiten sind nicht geringfügig genug. War's je schöner, war's je schlimmer als hier, erinnere dich an dieses unser sündiges Blattwappen. O Ewigkeit, du Schwert, das auch durch diesen Eindunster bohrt, Zeit ohne Zeit, deinen Rippen, Spreiten und Nerven geltend, o Sünder, o Assimilierer, dir ungewöhnlich zartem flächigem Teil des Pflanzenkörpers. Blatt, du alter Mann. Du muffiges Altersheim, alter Wald du, warte nur. Wo, ich frage dich, was war je besser und bittrer. Mein ganz erschrockenes Herz: wo erbebte es je vor größerer Traurigkeit. Aber Sonne noch und noch, streng dein Gedächtnis an. Gleichwohl ausreichende Nebel und kein Mangel an Regen aller Art, hatten wir gern was? Wenn ich dir sage. Dies und dies und dies: geht vorbei. An meiner, deiner und seiner Laufbahn Ende. Wenn mein, dein und sein Stündlein vorhanden ist. Aber schön war's.

Aber ausdauernd war's. Aber 's war schlimm Himmel ja und war flüchtig. Was war je rascher rum, vergiss nicht. Herzlich tut uns verlangen. Was, was, aber was, ich frage uns, ich frage.

Stilles Reifen

CHRISTIAN MORGENSTERN

Alles fügt sich und erfüllt sich,
musst es nur erwarten können
und dem Werden deines Glückes
Jahr und Felder reichlich gönnen.
Bis du eines Tages jenen
reifen Duft der Körner spürest
und dich aufmachst und die Ernte
in die tiefen Speicher führest.

Es werden kommen die Tage

JOHANNA HABERER

Der Tod ist weit weg. Hofft man jedenfalls. Aber jedes Jahr, wenn die Bäume kahl werden, erinnern die Feste Allerseelen und Ewigkeitssonntag ans Sterben. Kann man es lernen, mit dem Tod zu leben?
Es ist uns Menschen schier unmöglich, sich den eigenen Tod vorzustellen. Und zugleich weiß es jeder: Die einzig todsichere Sache im Leben ist der Tod.
Beides stimmt: Ich kann und mag mir die Welt nicht ohne mich denken, und zugleich weiß ich, sie hat Millionen von Jahren ohne mich existiert, und sie wird nach der kurzen Frist meines Lebens weitere Millionen von Jahren wieder ohne mich existieren.
Was fange ich mit diesem todsicheren Wissen an?
Da gibt es letztlich nur die zwei Möglichkeiten, von denen schon die Bibel weiß:
Lasset uns fressen und saufen, denn morgen sind wir tot, beschreibt sie eine Option. Das meint die Lebenshaltung des Menschen, der – koste es, was es wolle – alles mitnimmt. Ohne Rücksicht auf Verluste, ohne Voraussicht und ohne Respekt vor der Zukunft und

vor den Folgen seiner Handlungen. Die andere Lebenshaltung beschreibt die Bibel als das Bemühen um eine tägliche Denkübung: Herr, lehre uns bedenken, dass wir sterben müssen, auf dass wir klug werden.
Das ist eine schwere Übung – sozusagen gegen unsere Natur. Jeden Tag.
Statt uns in die Grenzen des Lebens einzuüben, wünschen wir uns lieber das ewige Leben vor dem Tod, auch wenn wir rasch erkennen müssen, dass die ewige Jugend uns vorenthalten bleiben wird.
Dass wir um den Tod wissen, macht uns Menschen zum Menschen. Es unterscheidet uns vom Tier. Das Wissen um unseren Tod macht uns zu Wesen der Zeit. Es ist nicht die zyklisch sich erneuernde Zeit des Jahreslaufes oder der Uhr. Vielmehr ist es die Zeit, die als Einbahnstraße aus der Vergangenheit über die Gegenwart in die Zukunft führt und für den Einzelnen unausweichlich ein Ende hat. Und so wird das todsichere Sterben zur lebenslangen Aufgabe. Und meine Haltung zum Danach, meine Einstellung zu dem, was ich hinter dem Horizont erwarte, entscheidet darüber, wie mein Leben und mein Sterben aussieht. Ist das Leben für mich eine in sich geschlossene und endliche Geschichte ohne Gott, ohne transzendenten Bezug, so ist nicht einzusehen, warum ich nicht – notfalls auch

auf Kosten aller anderen – die Angebote des Lebens mit tödlicher Gier – bis zur bitteren Neige konsumieren soll.
Oder die andere Alternative: Ich weiß mich aufgehoben und geborgen in einem Leben, das ich mir nicht selbst geschenkt habe, das darum nicht mein Eigentum ist und über das ich eines Tages werde Rechenschaft ablegen müssen. Dann werde ich fragen nach dem, was mich bis hierher gebracht hat und was mich weiterträgt.
Ich will euch tragen, bis ihr grau werdet. Ich habe es getan; ich will leben und tragen und erretten, richtet der Prophet Jesaja von seinem Gott aus. Was für eine Gelassenheit strömt durch diese Zusage. Ich will euch tragen, bis ihr nicht mehr könnt. Ja. Ich darf alt werden. Ja. Ich darf schwach und dement und impotent und inkontinent werden. Nein. Es haben mir das Leben und Gott niemals einen Rosengarten versprochen. Und wer das tut, lügt. Keiner kann das schmerzlose Leben versprechen, keiner das leidlose Alter, keiner den Bilderbuch-Tod. Schon die Weisheit im Alten Testament formuliert lakonisch und eisern: »… und es werden kommen die Tage von denen du sagen wirst, sie gefallen mir nicht.«
Sie kommen für uns alle unausweichlich.

Aber wir könnten etwas von dieser Gelassenheit atmen lernen, die dem alten Text des Jesaja entströmt. Denn wenn ich mich getragen fühle, kann ich auch das Loslassen lernen. Und ich kann langsam und mühsam lernen, mich den anderen zuzumuten.
Leben entsteht und Liebe erblüht, wenn ich mich mit all meinen Ängsten, den Dunkelheiten und Traurigkeiten dem anderen, dem vertrauten zumute.
Die Zumutung meines Lebens gelassen teilen, dazu könnte der Glaube verlocken. Die Überzeugung: Ich muss nicht alles ausschöpfen. Ich kann in Würde mit meinen Gebrechen, meiner Geschichte, mit den offenen Enden meiner Biografie leben.
Dazu gehört auch, dass ich das Loslassen lerne. Das Loslassen von den Ansprüchen an den eigenen Lebensentwurf. Das Loslassen von den Ansprüchen an den anderen Menschen. Das Loslassen vom Zwang, geliebt zu werden. Das Loslassen von der Scham gegenüber der eigene Schwäche. Und ich muss üben – trotz allem – mit mir selbst zufrieden zu sein.
An der Grenze, die sich in der Schwäche ankündigt und im Tod endet, ist der Glaube an einen Gott, der trägt und rettet und auferweckt, lebens- und sterbensentscheidend.
Die Bibel spricht von einem anderen Leben nach dem

Tod. Sie spricht davon in Bildern. Sie deutet ein Leben bei Gott nur an. Sie spricht von dem Ort, an dem Gott abwischen wird alle Tränen von unseren Augen. Und jeder Mensch entwirft dabei sein eigenes Bild, weil jeder Mensch seine eigenen Tränen in den Augen hat. Aber die Bilder der Bibel, die das Danach aufblitzen lassen, haben eines gemeinsam:
Sie malen nicht das Bild einer nicht enden wollenden Jugend, faltenfrei und körpergestylt. Sondern sie lassen dem irdischen Leben seine Höhepunkte und seine Niederlagen, seine Länge, sein Recht, seine eigenen Erfahrungen. All dies, so hoffen wir, wird aufgehoben sein in Gott. Und wir werden verwandelt werden. Es wird wohl beides sein: Wir werden dereinst bei Gott ganz andere sein, als wir jetzt sind, und wir werden dennoch die Erinnerungen, die Spuren und Narben unseres gelebten Lebens an uns tragen. Wenn wir für unser Leben nach unserem Leben Worte suchen, finden wir meist die Bilder der Poesie: Marie Luise Kaschnitz malt ein solches Bild:

Zur Beerdigung meiner
Wünsche ich mir das Tedeum
Tedeum laudamus
Den Freudengesang

Unpassender-
Passenderweise
Denn ein Totenbett
Ist ein Totenbett mehr nicht
Einen Freudensprung
Will ich tun am Ende
Hinab hinauf
Leicht wie der Geist der Rose.

In Dankbarkeit bewahren

IRISCHER SEGENSWUNSCH

Mögest du in deinem Herzen
das vergangene Jahr
in Dankbarkeit bewahren.

Mit jedem Jahr wachsen die Gaben,
die Gott dir schenkte,
um alle, die du liebst,
mit Freude zu erfüllen.

In jeder Stunde,
Freude und Leid,
lächelt der Menschgewordene
dir zu –
bleib du in seiner Nähe.

Quellenverzeichnis

Texte

Eckehard Bahr, Wie ich von meinen hundert Hemden loskomme. © Alle Rechte beim Autor.

Johanna Haberer, Es werden kommen die Tage. © Alle Rechte bei der Autorin.

Hermann Hesse, Herbst. Erschienen in: Hermann Hesse, Sämtliche Werke, Band 10. © Suhrkamp Verlag Frankfurt am Main 2002

Erich Kästner, Der September, Herbst auf der ganzen Linie und Exemplarische Herbstnacht. Erschienen in: © Atrium Verlag, Zürich und Thomas Kästner

Rolf Krenzer, „Herrn Hoffmanns Hut" und „Der Drachenbrief". © Rolf Krenzer Erben, Dillenburg

Reinhard Mey, Herbstgewitter über Dächern. Erschienen in: Reinhard Mey, Alle Lieder, © Edition Reinhard Mey, Berlin

Fulbert Steffensky, „Wo suche ich meine Toten?" und „Wider die Maulwurfskrankheit". © Alle Rechte beim Autor.

Eva Strittmatter, Lied I und Oktobernacht. Erschienen in: Eva Strittmatter, Sämtliche Gedichte. © Aufbau Verlag GmbH & Co KG, Berlin 2006 (diese Gedichte erschienen erstmals 1977 im Aufbau Verlag; Aufbau ist eine Marke der Aufbau Verlag GmbH & Co. KG)

Erwin Strittmatter, Der Erdstern. Erschienen in: Erwin Strittmatter, 3/4hundert Kleingeschichten. © Aufbau Verlag GmbH & Co KG, Berlin 2001 (die Originalausgabe erschien 1971 im Aufbau-Verlag; Aufbau ist eine Marke der Aufbau Verlag GmbH & Co. KG)

Erwin Strittmatter, Vogelzug. Erschienen in: Erwin Strittmatter, Schulzenhofer Kramkalender. © Aufbau Verlag GmbH &

Wir danken den genannten Rechteinhabern für die freundliche Erteilung der Abdruckgenehmigung. Der Verlag hat sich bemüht, alle Rechteinhaber in Erfahrung zu bringen. Für zusätzliche Hinweise sind wir dankbar.